봉투모의고사 1

해설집

G-TELP KOREA 출판사업본부

G-TELP 영어연구소

G-TELP 영어연구소는 국내외 영어 콘텐츠 전문 연구진들로 이루어진 조직으로서, G-TELP 시험들을 전문적으로 분석 및 연구해오고 있습니다. 다년간 쌓아온 디지털 데이터베이스와 정확한 데이터를 분석하는 도구를 기반으로 G-TELP의 모든 시험을 대비할 수 있는 수험서, 일반 영어, 비즈니스 영어, 전문 영어 등 다양한 분야의 영어학습서를 기획, 집필, 편집, 출간하고 있습니다.

봉투모의고사 1

초판 인쇄 2023년 6월 16일

발 행 인 김현중
출 판 사 G-TELP KOREA 출판사업본부
저　　자 G-TELP 영어연구소

I S B N 978-89-91164-64-2
정　　가 5,900원

도서 문의 안내

전　　화 1577-3836
팩　　스 02-454-2137

이 책의 내용과 포맷은 저작권법에 따라 보호받고 있으므로 무단 복제와 무단 전재를 금합니다.

PREFACE

G-TELP(General tests of English Language Proficiency)는 국제테스트 연구원(ITSC, International Testing Services Center)에서 주관하여 University of California Los Angeles, Georgetown University, San Diego State University, Lado International College 등의 저명 교수진이 연구 개발하였고, 국내외 저명한 언어학자, 평가전문가들이 참여하여 국제적으로 시행하는 글로벌 영어 능력 평가인증시험입니다.

1983년부터 ITSC 주관으로 개발 검증된 이래 수년간 미국, 중국, 사우디아라비아, 일본, 대만 등 세계 여러 나라에서 표본 조사 및 시행을 통하여 개발완료 하였고, 공무원, 군무원, 소방, 경찰 등의 국가고시, 변리사, 회계사, 세무사, 노무사, 감정평가사 등의 국가자격증 영어대체시험, 기업체의 신입사원 채용 및 승진 평가시험 등에서 활용되고 있습니다. 특히 적은 문항 수와 짧은 시험 시간으로 인해 시험에 대한 부담이 적어 단기간에 목표 점수에 도달할 수 있다는 점 덕분에 응시자 수가 꾸준히 증가하고 있습니다.

이러한 상황을 바탕으로, 응시자들이 본격적인 시험에 앞서 최종 점검을 할 수 있도록 『퀵 지텔프 봉투 모의고사 1』을 새롭게 발간합니다. 『퀵 지텔프 봉투 모의고사 1』은 최신 경향을 반영한 문제, 동봉된 OMR 카드, 실제 시험지와 가장 유사한 시험지 형태를 채택하여 정기시험 전 마지막 실전 연습을 할 수 있는 기회를 제공합니다. 또한 1회분의 가벼운 구성으로 휴대성이 좋아 언제 어디서나 문제를 풀어볼 수 있습니다.

최종 점검부터 고득점을 목표로 하는 수험자까지, 『퀵 지텔프 봉투 모의고사 1』을 통해 모든 수험자들이 원하는 바를 이룰 수 있기를 기원합니다.

GLT(G-TELP Level Test 지텔프 등급 시험)란?

시험 특징

- ✓ **5단계(Level 1~5)**의 수준별로 구분된 시험
- ✓ **문법/ 청취/ 독해와 어휘 3가지** 영역의 종합 영어 능력 평가 → 객관식 사지선다형
  (단, Level 1은 청취/ 독해와 어휘 2가지 영역만 집중 평가)
- ✓ 절대 평가 방식
- ✓ 빠른 성적 확인 → 응시일로부터 일주일 이내 빠른 성적 발표
- ✓ **정기 시험**: Level 2 시험 → Level 2 정기 시험이 국가고시/국가자격시험/기업체 채용 시험에 주로 활용
- ✓ **수시 시험**: Level 1~5 시험

Level별 시험 구성

구분	출제 방식 및 시간	평가 기준	합격자의 영어 구사 능력	응시자격
Level 1	청취: 30문항/약 30분 독해와 어휘: 60문항/70분 합계: 90문항/약 100분	Native Speaker에 준하는 영어 능력: 상담, 토론 가능	- 모국어로 하는 외국인과 거의 대등한 의사소통이 가능 - 국제회의 통역도 가능한 수준	Level 2 Mastery (영역별 75점 이상)
Level 2	문법: 26문항/20분 청취: 26문항/약 30분 독해와 어휘: 28문항/40분 합계: 80문항/약 90분	다양한 상황에서 대화 가능: 업무 상담 및 해외연수 등이 가능한 수준	- 일상생활 및 업무 상담 등에서 어려움 없이 의사소통할 수 있는 수준 - 외국인과의 회의 및 세미나 참석, 해외 연수 등이 가능한 수준	제한 없음
Level 3	문법: 22문항/20분 청취: 24문항/약 20분 독해와 어휘: 24문항/40분 합계: 70문항/약 80분	간단한 의사소통과 친숙한 상태에서의 단순 대화 가능	- 간단한 의사소통과 친숙한 상태에서의 단순한 대화가 가능한 수준 - 해외여행과 단순한 업무 출장을 할 수 있는 수준	제한 없음
Level 4	문법: 20문항/20분 청취: 20문항/약 15분 독해와 어휘: 20문항/25분 합계: 60문항/약 60분	기본적인 문장을 통해 최소한의 의사소통이 가능한 수준	- 기본적인 어휘의 짧은 문장을 통해 최소한의 의사소통이 가능한 수준 - 외국인이 자주 반복하거나 부연설명을 해주어야 이해할 수 있는 수준	제한 없음
Level 5	문법: 16문항/15분 청취: 16문항/약 15분 독해와 어휘: 18문항/25분 합계: 50문항/약 55분	극히 초보적인 수준의 의사 소통 가능	- 영어 초보자 - 일상의 인사/소개 등을 듣고, 이해할 수 있는 수준 - 말 또는 글을 통한 자기표현은 거의 불가능한 수준	제한 없음

G-TELP Level 2란?

시험 구성 및 출제 경향

영역	내용	문항 수(개)	배점(점)	시간(분)
문법 (총 26문항)	시제, 가정법, 조동사, should 생략, to부정사, 동명사, 연결어, 관계사	26	100	20분
청취 (총 26문항)	Part 1. 자유 형식의 2인 대화	7	100	약 30분
	Part 2. 광고 또는 홍보 형식의 1인 발표	6		
	Part 3. 어떤 결정에 이르고자 두 선택지의 장단점을 논의하는 2인 대화	6		
	Part 4. 어떤 일의 과정이나 조언을 단계적으로 제시하는 1인 설명	7		
독해와 어휘 (총 28문항)	Part 1. 과거 역사 또는 현시대 인물의 일대기를 조명하는 글	7	100	40분
	Part 2. 사회적·기술적 묘사에 초점을 맞춘 잡지나 신문 형식의 글	7		
	Part 3. 일반적인 내용의 백과사전 형식의 글	7		
	Part 4. 어떤 것을 설명하거나 설득하기 위해 작성된 이메일 지문	7		
	Total	80문항	300점	약 90분

* 시험 시간을 특정 영역에 제한을 두지는 않으므로, 주어진 시간 내에 다른 영역의 문제풀이 가능

* 각 영역 100점 만점으로 총 300점이며, 세 개 영역의 평균 값으로 성적 산출

문법 영역 (26문항)

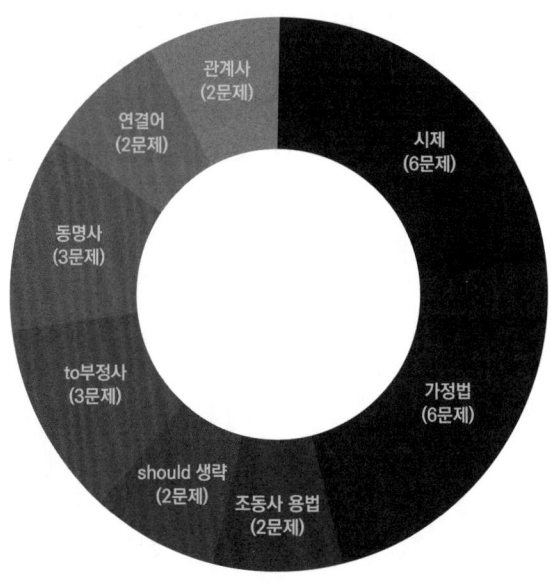

1. 8가지의 유형마다 고정된 수의 문제가 매회 출제됩니다.

2. 26문제 중 22문제(시제, 가정법, should 생략, to부정사, 동명사, 관계사)는 지문에 주어진 단서 표현을 바탕으로 적절한 공식을 적용한다면 문제 풀이가 비교적 수월합니다.

3. 나머지 4문제를 차지하는 조동사 용법(2문제), 연결어(2문제) 유형에서는 단순한 공식 적용을 넘어서 빈칸의 앞뒤 문장을 해석하여 문맥에 맞는 적절한 보기를 답으로 고를 수 있어야 합니다. 따라서 다른 유형들과 달리 난이도가 다소 높은 편입니다.

4. 문법 영역은 청취, 독해와 어휘 영역에 비해 공략법이 상대적으로 쉬운 만큼, 목표 점수 달성을 위해 필수적으로 공략해야 하는 영역입니다. 각 유형에 대한 이론 학습과 문제 풀이 훈련을 반복하여 고득점을 노려 보세요.

청취 영역 (26문항)

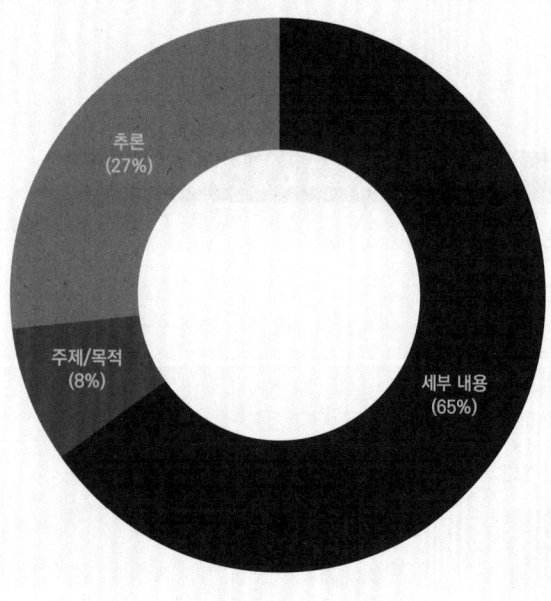

1. 청취 영역은 총 4개의 파트로 구성되어 있습니다. 시험지에 질문 없이 보기만 주어져 있는 것이 청취 영역의 특징으로, 방송에 의존하여 스크립트와 질문을 모두 들어야 하기 때문에 난이도가 높은 영역입니다. 질문은 스크립트의 앞뒤로 한 번씩 총 두 번 들려줍니다.

2. 문제의 구성은 스크립트에서 직접적으로 언급된 특정 정보 등에 대해 묻는 문제 위주로 되어 있습니다. 특히 파트2와 4의 첫 번째 문제는 초반부를 듣고 연설의 핵심 소재가 무엇인지를 파악해야 하는 주제/목적 문제가 매회 출제됩니다.

3. 질문에 most likely 또는 probably가 포함되어 있으면 추론형 문제입니다. 매회 6~8문제씩 출제되며, 파트1과 3의 마지막 문제에서 화자가 무엇을 할지를 듣고 추론하는 문제가 고정적으로 출제됩니다.

4. 청취 문제를 효과적으로 풀기 위해, 먼저 주어진 보기를 빠르게 스캐닝하여 키워드를 잡고, 방송으로 들은 질문의 키워드를 시험지에 간결하게 받아 적는 노트테이킹 연습이 필요합니다. 키워드를 정리해 놓으면 정답의 단서가 되는 부분이 더 잘 들리고, 오답을 소거하는 데에도 도움이 됩니다.

5. 각 파트마다 초반부를 잘 들으면 앞으로 이어질 내용의 흐름을 파악하기가 수월합니다. 이와 연계하여 첫 번째 문제를 집중해서 풀어 보세요.

독해와 어휘 영역 (28문항)

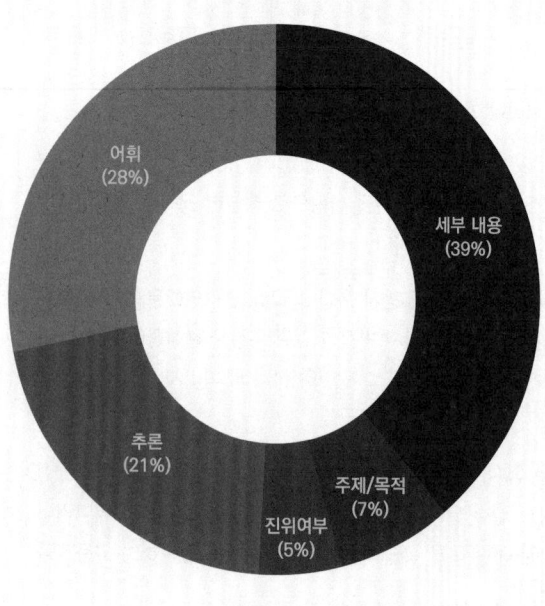

1. 독해와 어휘 영역은 총 4개의 파트로 구성되어 있으며, 파트별로 7문제(독해: 5문제, 어휘: 2문제)씩 할당되어 있습니다.

2. 각 파트마다 하나의 지문이 주어지며, 각 지문은 일반적으로 5개의 단락으로 구성됩니다. 독해 문제의 경우 단락의 순서에 맞게 문제가 출제되는 경향이 있어, 첫째 단락부터 한 문제씩 차례대로 풀이하며 내려가는 것이 가능합니다.

3. 지문에서 직접적으로 언급된 특정 사실이나 정보 등을 묻는 세부 내용 유형이 대부분이며, 파트2나 3에서는 지문의 주제를, 파트4에서는 이메일을 작성한 목적을 묻는 주제/목적 유형과, 보기 중 지문의 내용과 일치하거나(true), 또는 일치하지 않는 것(NOT)을 찾는 진위여부 유형이 낮은 비율로 출제됩니다.

4. 지문의 내용을 바탕으로 암시된 정보를 파악하여 직접적으로 언급되지 않은 정보를 유추해야 하는 추론 유형이 매회 6~8문제씩 출제됩니다. 질문에 most likely, probably 등이 포함되어 있습니다.

5. 어휘 문제는 파트별로 2문제씩 출제됩니다. 지문에 밑줄이 그어져 있는 단어의 동의어 또는 유의어를 찾는 유형입니다. 실제 동의어가 정답이 되기도 하지만, 동의어가 아닐지라도 문맥상으로 의미가 통하는 단어가 정답이 되기도 합니다.

성적표

G-TELP의 개인성적표는 그 등급의 Mastery (합격) 여부를 표시하는 Overall Proficiency (전체 등급 능숙도)와 Skill Area Score (문법, 청취, 독해와 어휘 점수) 그리고 Task/Structure Score (각 기능의 세분화된 부분의 점수 및 문제 형태)에 대한 정보를 알려줍니다.

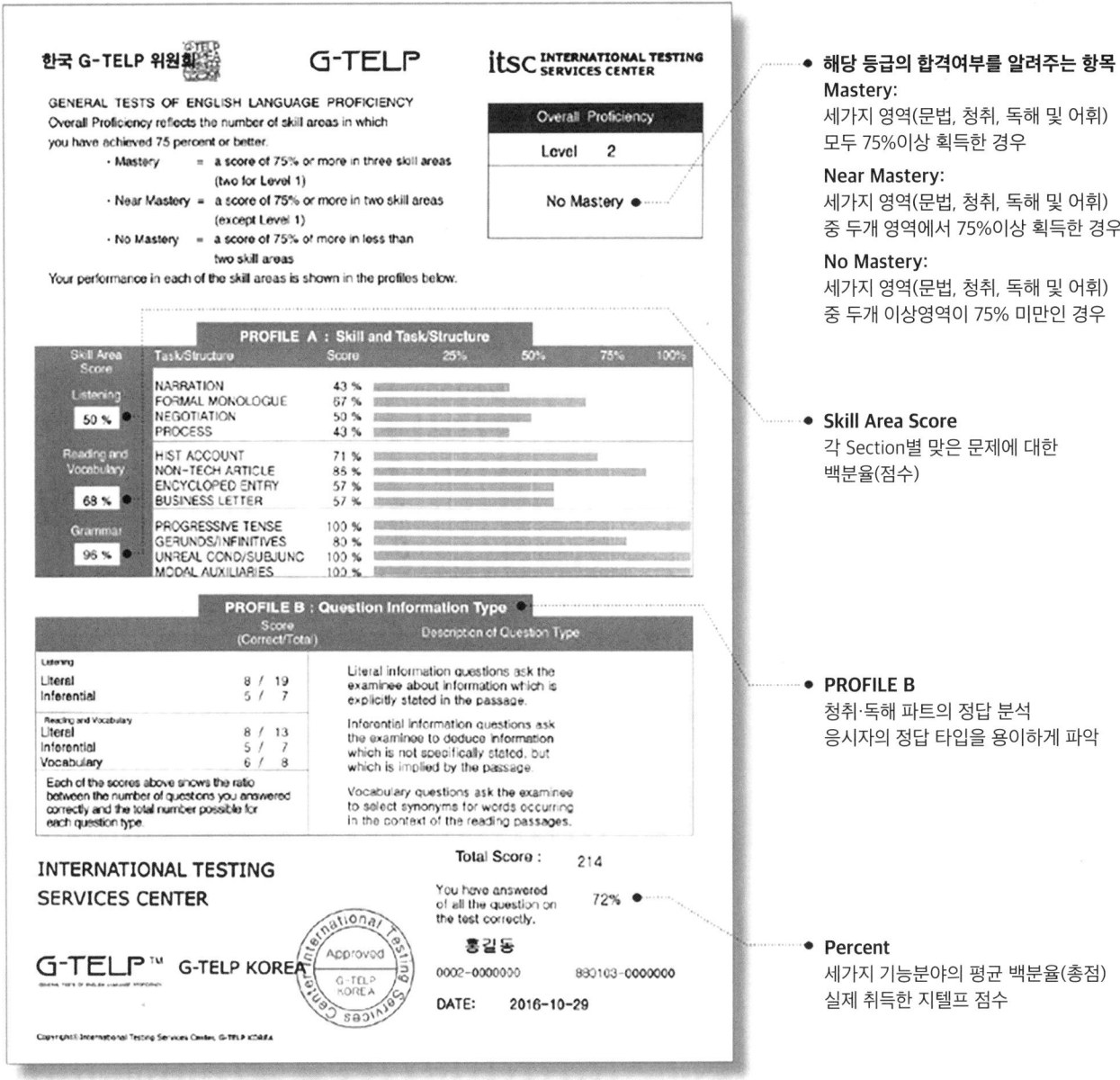

- **해당 등급의 합격여부를 알려주는 항목**
  Mastery:
  세가지 영역(문법, 청취, 독해 및 어휘)
  모두 75%이상 획득한 경우
  Near Mastery:
  세가지 영역(문법, 청취, 독해 및 어휘)
  중 두개 영역에서 75%이상 획득한 경우
  No Mastery:
  세가지 영역(문법, 청취, 독해 및 어휘)
  중 두개 이상영역이 75% 미만인 경우

- **Skill Area Score**
  각 Section별 맞은 문제에 대한
  백분율(점수)

- **PROFILE B**
  청취·독해 파트의 정답 분석
  응시자의 정답 타입을 용이하게 파악

- **Percent**
  세가지 기능분야의 평균 백분율(총점)
  실제 취득한 지텔프 점수

성적 발표

✓ 시험일로부터 5일 후 G-TELP KOREA 공식 홈페이지(www.g-telp.co.kr)에서 성적 확인이 가능합니다.

✓ 원본 성적표는 온라인 성적표를 바로 인쇄하거나 시험일로부터 2주 이내에 기재하신 주소로 우편 발송됩니다.

G-TELP Level 2 성적 제출처

기관	구분	점수
대한민국 정부	국가공무원 7급	65점
	7급 (지역인재)	65점
	7급 (외무영사직렬)	77점
	국가공무원 5급	65점
	외교관 후보자	88점
대한민국 국방부	군무원 9급	32점
	군무원 7급	47점
	군무원 5급	65점
경찰청	경사, 경장, 순경	43점
	가산점 2점	48점
	가산점 4점	75점
	가산점 5점	89점
	경감, 경위	50점
	총경, 경정	65점
소방청	소방장, 소방교, 소방사	43점
	가산점 1%	48점
	가산점 3%	75점
	소방경, 소방위	50점
	소방정, 소방령	65점
해양경찰청	순경 공채	43점
	가산점 1점	56점
	가산점 2점	69점
	가산점 3점	82점
	경위	50점
	경정	65점
대한민국 공군	부사관 후보생 (1~10 가산점)	30~80점
병무청	카투사	73점
	육군 어학병	90점
	해군 통번역병	97점
기상청	기상직	65점
특허청	일반직 공무원 (6급, 심사관 등)	65점
	특허심판원 심판장 (상표분야, 화학분야 등)	88점
식품의약품안전처	식품위생서기보 9급	65점
대한민국 국회	입법고시	65점
대한민국 법원	법원 행정고시	65점
금융감독원	공인회계사	65점
보험개발원	손해사정사	65점
	보험계리사	65점
한국산업인력공단	노무사	65점
	세무사	65점
	변리사	77점
	국제의료관광코디네이터	65점
	기술지도사	65점
	관광통역 안내사	74점
	경영지도사	65점
	호텔관리사	66점
	호텔서비스사	39점
	호텔경영사	79점
	감정평가사	65점
	박물관 및 미술관 준학예사	50점

시험 전 확인하기

시험 시간

- 입실 가능시간: **오후 1시 20분 ~ 2시 50분** ※ 2시 50분에 입실 통제되며 이후 입실 절대 불가
- 오리엔테이션 시작 시간: 2시 25분

주의 사항

- 신분증 미 지참 시 시험 응시 불가 (수험표는 없어도 응시 가능)
- 1층 고사장 입구에서 고사실 위치를 확인하며, 좌석표에 따라 지정 좌석에서 응시해야 합니다.
- 시험 시간 중도 퇴실 시, 시험을 포기한 것으로 간주되어 당 회차 시험이 0점 처리됩니다.
- 규정 신분증, 필기도구, 아날로그 손목시계 이외의 개인 소지품은 소지할 수 없습니다.
    → 시험 전, 전자기기는 반드시 전원을 끄고 소지품과 함께 가방에 넣어 교실 앞에 제출해야 합니다.
    → 전원을 끄지 않아 벨소리나 진동, 전자음이 울릴 시 부정행위로 간주되어 시험이 0점 처리되고 향후 2년간 시험에 응시할 수 없습니다.

준비물

규정 신분증
- 주민등록증, 여권(기간 만료 전), 운전면허증, 장애인등록증(주민등록번호 포함), 군 신분증(군인), 외국인등록증(외국인), 학생증(중고생) *대학생 학생증은 허용 불가
- 모바일 신분증은 주민등록증(정부24 앱), 운전면허증(경찰청장 발급)이 인정됨 *PASS 앱 모바일 신분증 불가

컴퓨터용 사인펜
- OMR 답안지에는 반드시 컴퓨터용 수성 사인펜으로 마킹해야 합니다. (연필 사용 불가)

수정 테이프
- 마킹 오류 시 수정 테이프를 사용하여 수정할 수 있습니다. (수정액 사용 불가)
- 수정 테이프는 반드시 본인의 것을 사용해야 하며 타인에게 빌리거나 빌려줄 수 없습니다.

아날로그 시계
- 아날로그 시계 이외의 스톱워치, 스마트 워치, 전자시계 등은 사용할 수 없습니다.

OMR 카드 작성법

좌석표 (책상 위에 비치되어 있음)

수험번호: 00-0000-0000000   김 ○○   고유번호: 000000-0000000

OMR 카드

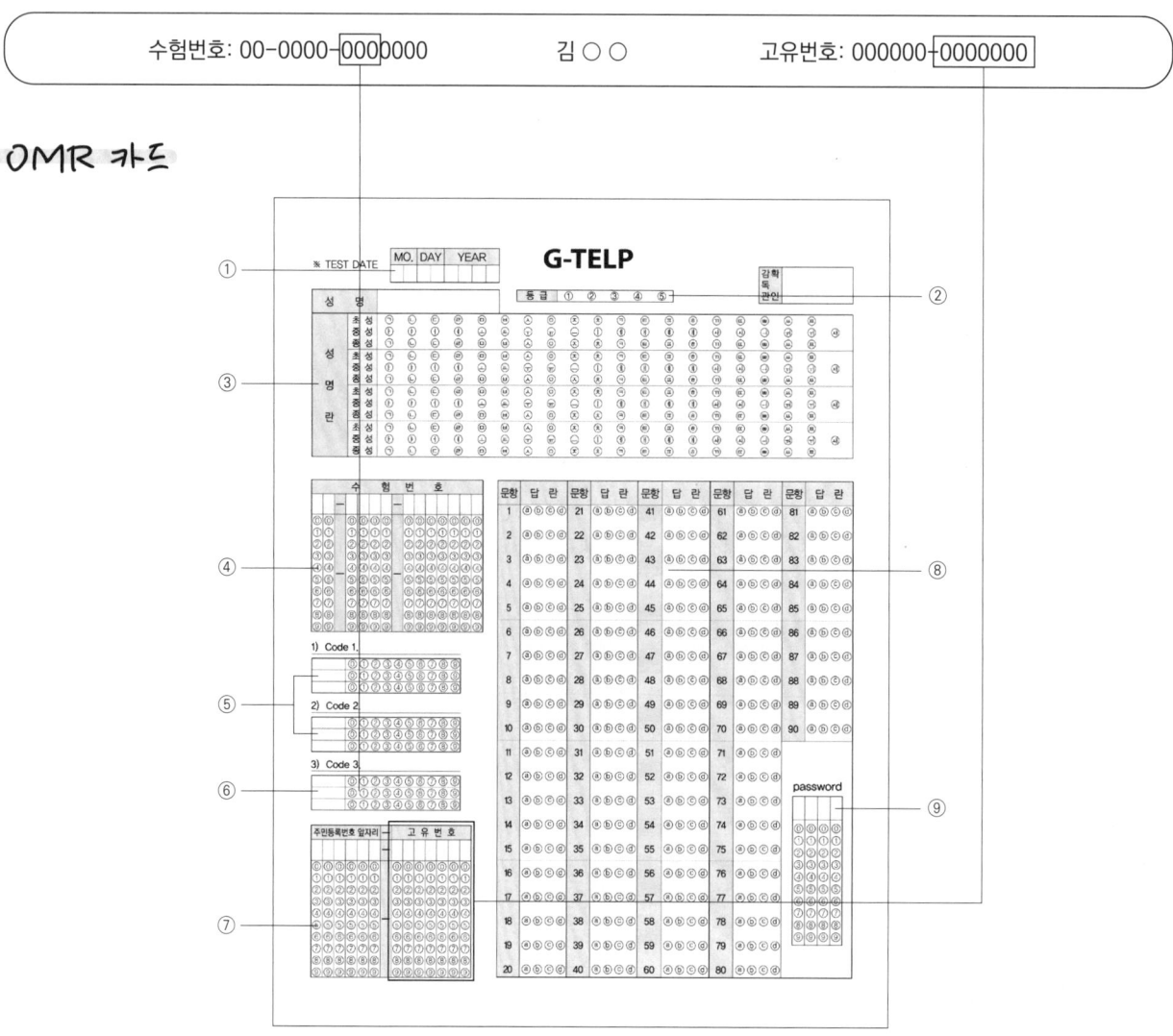

① TEST DATE란에 월, 일, 년 순으로 기재합니다.
② Level 2 시험이므로 ②에 마킹합니다.
③ 이름을 정자로 기재하고, 성명란에 초성, 중성, 종성에 맞게 마킹합니다.
④ 수험번호는 책상 위에 비치된 좌석표를 참고하여 마킹합니다.
⑤ Code 1과 Code 2는 OMR 카드 뒷면에서 해당하는 코드를 찾아 마킹합니다.
　(대학생이 아닌 일반인의 경우 Code 1에는 098을, Code 2에는 090을 기재)
⑥ Code 3은 수험번호 마지막 7자리 숫자의 앞 3자리 숫자를 마킹합니다.
⑦ 주민등록번호는 앞자리만 마킹한 후, 뒷자리는 좌석표에 기재된 고유번호로 마킹합니다.
⑧ Level 2 시험은 80문항으로 구성되어 있으므로, 마킹은 80번까지만 하면 됩니다.
　(81~90번에 실수로 마킹이 되더라도 성적 처리에는 영향을 주지 않음)
⑨ Password는 온라인 성적표 출력 시 필요한 네 자리 숫자이며, 마킹 후 반드시 기억하도록 합니다.

※ **시험 시간에는 별도의 답안지 마킹 시간이 주어지지 않으므로, 종료시간 전에 반드시 마킹을 마무리해야 합니다.**

퀵 지텔프
봉투모의고사 1
해설집

- GRAMMAR SECTION ——— 12
- LISTENING SECTION ——— 19
- READING & VOCABULARY SECTION ——— 39

GRAMMAR SECTION
| 정답과 해설 |

1	(a)	2	(d)	3	(b)	4	(d)	5	(a)	6	(d)	7	(c)	8	(a)
9	(d)	10	(c)	11	(b)	12	(a)	13	(b)	14	(d)	15	(a)	16	(a)
17	(c)	18	(b)	19	(b)	20	(d)	21	(b)	22	(a)	23	(b)	24	(c)
25	(c)	26	(a)												

1. 가정법 과거  (a)

해석 앰버는 이른 아침에 있는 프랑스어 수업을 이번 학기에 여러 번 빼먹었다. 만약 그녀가 더 믿을 수 있는 알람 시계를 가진다면, 그녀는 성적뿐만 아니라 출석 기록도 개선할 수 있을 것이다.

해설 빈칸 앞의 if와 보기의 조동사 would(또는 could, might)를 통해 가정법 문제임을 파악한다. 가정법에서 if절의 동사 시제가 과거(were)이면, 주절의 동사는 〈would/could/might + 동사원형〉이 되어야 한다. 따라서 정답은 (a)이다.

어휘 miss 놓치다 several 몇몇; 몇몇의 semester 학기 reliable 믿을 수 있는 attendance record 출석 기록 as well as ~뿐만 아니라 grade 등급, 성적, 학점 improve 개선시키다

2. 조동사 문맥 찾기 정답 (d)

해석 인간의 피부는 매일 최대 4만 개의 세포를 탈락하여 끊임없이 재생하고 있다. 연구에 따르면, 평균적인 사람은 평생에 걸쳐 최대 40파운드의 피부가 떨어져 나갈 수 있다고 한다.

해설 빈칸 앞 문장에서 인간의 피부가 매일 세포를 제거함으로써 재생하고 있다는 내용이 나오므로, 빈칸 절은 이로 인해 보통 사람이 일생 동안 40파운드의 피부가 떨어져 나갈 수 있다는 가능성의 의미가 되어야 한다. 가능성(~할 수 있다)의 의미를 내포하기 위해서는 조동사 can이 가장 적절하므로, 정답은 (d)이다.

어휘 constantly 끊임없이 renew 재생하다, 재개하다 shed 없애다, 제거하다 lose 잃다 according to ~에 따르면 lifetime 일생

3. 현재완료진행  (b)

해석 퇴역 항공기 안에 만들어진 테마 식당인 라비앙 로즈는 지난 달에 문을 막 열었다. 앨런은 그 식당이 문을 연 이래로 그 참신함에 대해 칭찬을 쏟아내오고 있다.

해설 빈칸 뒤 절(since it opened)은 '그것이 문을 연 이후'라는 의미이므로, 과거부터 현재까지 계속 식당의 참신함에 대해 칭찬을 쏟아내고 있는 중임을 나타내는 현재완료진행시제가 가장 적절하다. 따라서 정답은 (b)이다.

어휘 decommissioned (배·비행기 등이) 퇴역한, 운행이 중단된 gush (칭찬을) 쏟아 내다, 표현하다 novelty 참신함

4. 관계대명사  (d)

해석 2006년에 명왕성은 행성에서 왜소행성으로 강등되었다. 명왕성보다 더 크고 밀도가 더 높은 에리스는 왜소행성으로 간주되기 때문에, 많은 전문가들은 명왕성이 같은 범주에 속해야 한다고 주장했다.

해설 빈칸 앞 선행사인 Eris는 사물 취급하므로 관계대명사 that 또는 which의 수식을 받는다. 이때 that은 콤마(,) 뒤에 나올 수 없으므로 오답으로 소거하고 나면, 결국 남은 보기인 (d)가 정답이다.

어휘 demote 강등시키다 major planet (대)행성 minor planet 왜소행성 consider 여기다, 고려하다 expert 전문가 argue 주장하다 category 범주

5. 가정법 과거   (a)

해석 내 좋은 친구이자 이웃인 셰인은 새 직장과 더 가까운 곳에 살기 위해 우리 아파트 단지를 떠날 계획이다. 만약 그의 새 직장이 더 가깝기만 하다면, 그는 이사할 필요가 없었을 것이다.

해설 빈칸 앞의 if와 보기의 조동사 would(또는 could, might)를 통해 가정법 문제임을 파악한다. 가정법에서 if절의 동사 시제가 과거(were)이면, 주절의 동사는 〈would/could/might + 동사원형〉이 되어야 한다. 따라서 정답은 (a)이다.

어휘 neighbor 이웃 plan 계획하다 leave 떠나다 complex (건물) 단지 workplace 일터 move out 이사를 나가다

6. 미래진행   (d)

해석 10년 동안 회사원으로 일한 후, 벤은 그의 진정한 열정이 커피를 만드는 것에 있다는 것을 깨달았다. 그는 회사에 2주 전에 통보를 했고 그가 떠나면 바리스타 자격증을 얻으려고 노력하는 중일 것이다.

해설 빈칸을 포함한 문장에서는 그가 떠나면 바리스타 자격증을 얻으려고 노력하는 중일 것이라고 이야기하고 있으므로, 앞으로 벌어질 미래의 한 시점에 진행되고 있을 동작이나 상태를 나타낼 때 쓰이는 미래진행시제가 가장 적절하다. 따라서 정답은 (d)이다.

어휘 corporate 기업의, 회사의 employee 사원 realize 깨닫다 passion 열정 give A two weeks' notice A에게 2주 전에 통보하다 pursue 추구하다, 얻으려고 노력하다 certification 자격증, 증명서

7. 가정법 과거완료  (c)

해석 크리스는 충동적으로 소비하는 경향이 있어서, 새로운 스마트폰을 위한 돈을 모으는 데 1년이 통으로 걸렸다. 만약 그가 조금만 더 검소했다면, 그는 새 폰을 훨씬 더 일찍 가질 수 있었을 것이다.

해설 빈칸 앞의 if와 보기의 조동사 would(또는 could, might)를 통해 가정법 문제임을 파악한다. 가정법에서 if절의 동사 시제가 과거완료(had been)이면, 주절의 동사는 〈would/could/might + have p.p.〉가 되어야 한다. 따라서 정답은 (c)이다.

어휘 tend to ~하는 경향이 있다 impulsively 충동적으로 whole 전체의, 통째로 frugal 검소한

8. to부정사  (a)

해석 마르코의 임신한 아내는 매우 특정한 음식을 갈망하기 시작했다. 오늘, 마르코는 단지 그의 아내에게 그녀가 가장 좋아하는 해산물 파에야와 매운 딜 피클 세 병을 사기 위해 먼 거리를 운전했다.

빈칸 앞에서 '마르코가 먼 거리를 운전했다'는 완전한 절이 나오며, '아내에게 그녀가 좋아하는 음식들을 사주기 위해'라는 목적이 이어지는 것이 가장 적절하다. 이처럼 to부정사가 부사적 용법으로 쓰일 때에는 완전한 절 뒤에서 '~하기 위해'로서 목적을 나타내는 기능을 한다. 따라서 정답은 (a)이다.

어휘 pregnant 임신한 specific 구체적인 craving 욕구

나타내는 동사 뒤에 that절이 나오면, that절의 동사자리에는 '~해야 한다'의 의미로 〈should + 동사원형〉에서 should가 생략된 동사원형만이 가능하다. 따라서 정답은 (c)이다.

어휘 road trip (차·버스 등으로 하는) 도로 여행, 자동차 여행 pacific 태평양 suggest 제안하다 extra 추가의 proper 적절한 rest 휴식

9. 현재진행 (d)

해석 많은 보험회사들이 Z세대 인구통계를 이용함으로써 고객을 확보하고 있다. 현재, 우리 회사가 경쟁에서 뒤처지지 않게 하기 위해, 영업 사원들은 젊은 고객들을 끌어들일 방법을 브레인스토밍하고 있다.

해설 빈칸을 포함한 절을 보면 문장 맨 앞에 부사 'Right now'가 주어져 있다. 'Right now'는 '지금 당장'의 뜻으로 현재진행시제와 함께 쓰이며, 의미상으로도 영업 사원들이 젊은 고객을 끌어들일 방법을 위해 브레인스토밍을 하고 있는 중이라는 내용이 되어야 한다. 따라서 정답은 (d)이다.

어휘 insurance 보험 gain 얻다 client 고객 tap into ~을 활용하다 demographic 인구통계 lag behind 뒤처지다 competition 경쟁 rep 직원(representative) attract 끌어들이다

11. 동명사  (b)

해석 바나나는 더 많은 햇빛을 받기 위해 위쪽으로 자라는 "향지성"이라 불리는 과정을 거친다. 하지만, 일단 일정한 길이에 도달하면, 그들은 중력 때문에 땅을 향해 구부러지게 되고, 그것이 그들에게 바나나의 형태를 준다.

해설 〈can't help V-ing〉는 '~하지 않을 수 없다'의 의미로 쓰이는 관용 표현이다. 빈칸 앞 문장에서 바나나는 향지성으로 인해 위로 자란다고 했으므로, 빈칸 절은 특정 길이에 도달하면 중력 때문에 땅을 향해 구부러진다는 내용이 되어야 한다. 따라서 정답은 (b)이다.

어휘 go through ~을 거치다 process 과정 negative geotropism 향지성 upward 위쪽으로 receive 받다 sunlight 햇빛 once 일단 ~하면 length 길이 curve 구부러지다 gravity 중력 shape 모양, 형태

10. 조동사 should 생략 (c)

해석 아테나와 그녀의 남자친구는 태평양 북서부를 통해 3일간의 자동차 여행을 떠났다. 집으로 돌아가는 동안, 아테나는 적절한 휴식을 위해 호텔에서 하루를 더 보내야 한다고 제안했다.

해설 suggest(제안하다)와 같이 주장, 명령, 제안, 요구를

12. 미래완료진행 (a)

해석 작년에 내가 ANJ 컴퍼니 경리 담당으로 채용되었을 때, 왓슨 씨는 이미 15년 동안 수석 회계사였다. 내가 5년차일 때쯤에, 그는 나와 같은 후배 회계사들을 20년 동안 지도해오는 중일 것이다.

해설 빈칸 절에서 〈by + 미래 시점(fifth year)〉와 〈for +

기간(for two decades))은 빈칸의 동사가 미래의 어느 시점까지 계속 진행 중일 것임을 나타낼 때 쓰이는 미래완료진행시제의 단서이다. 즉 내가 5년차가 될 시점에는(미래) 왓슨 씨가 나와 같은 후배 회계사들을 20년 동안(완료) '지도해오고 있을 것이다'라는 의미가 되어야 하므로, 정답은 (a)이다.

어휘 hire 고용하다 bookkeeper 경리 담당(자) senior 상급의, 수석의 accountant 회계사 junior 하급의, 후배의 decade 10년

13. to부정사   정답 (b)

해석 연구원들은 기억 처리와 연결된 뇌의 일부가 사람들이 부정적인 감정을 경험하는 중일 때 매우 활동적이라고 말한다. 이것이 나쁜 기억이 중립적이거나 좋은 기억보다 떠올리기가 더 쉬운 이유다.

해설 easy, hard, difficult와 같은 형용사는 to부정사의 수식을 받아 '~하기 쉬운/어려운'의 의미로 쓰인다. 의미상으로도 '중립적이거나 좋은 기억들보다 떠올리기가 더 쉽다'라고 하는 것이 가장 적절하므로, 정답은 (b)이다. to부정사의 완료형인 to have p.p는 해당 절보다 시제가 앞설 때 사용되므로 (d)는 정답이 될 수 없다.

어휘 link 연결하다 memory 기억 processing 처리 active 활동적인 experience 경험하다 emotion 감정 neutral 중립적인

14. 과거완료진행   정답 (d)

해석 모니카는 신발가게에서 훌륭한 고객 서비스 덕분에 최근에 승진했다. 관리직을 받기 전, 그녀는 3년 동안 고객들에게 맞는 신발을 찾는 것을 도와왔다.

해설 빈칸 앞 문장에서 모니카가 승진한 시점(was promoted)이 과거이므로, 관리직을 받은(receiving the management position) 시점 역시 과거로 간주된다. 여기에 Prior to(~전에)와 for three years(3년 동안)가 결합되어, 과거 이전(대과거)부터 관리직을 받았다는 과거 시점까지 3년 동안 동작이 진행됨을 나타내는 과거완료진행시제 구조가 된다. 따라서 정답은 (d)이다.

어휘 promote 승진하다 recently 최근에 excellent 훌륭한 management position 관리직 assist 돕다, 지원하다 pair 짝

15. 가정법 과거완료   정답 (a)

해석 에이다 러브레이스는 컴퓨터 과학의 선구자였으며 컴퓨터를 단순히 강력한 계산기 이상의 것으로 인식한 최초의 사람이었다. 하지만 그녀는 어린 나이에 암으로 사망했다. 그녀가 더 오래 살았었다면, 그녀는 어쩌면 현대의 컴퓨터를 발명할 수 있었을 것이다.

해설 가정법 과거완료 구문에서 if절이 도치(If she had lived ~ → Had she lived ~)되어 있는 문장이다. if절의 동사가 과거완료(had lived)이므로 주절의 빈칸에는 〈would/could/might + have p.p.〉 형태의 동사가 들어가야 한다. 따라서 정답은 (a)이다.

어휘 pioneer 선구자, 개척자 recognize 인식하다 calculator 계산기 die of ~로 죽다 cancer 암 potentially 잠재적으로, 가능성 있게 invent 발명하다 modern 현대의

16. 조동사 should 생략   정답 (a)

해석 마이크는 신장 결석을 검사 받기 위해 병원에 왔다갔

다해오는 중이었다. 그의 의사는 그에게 짠 음식을 먹는 것을 줄여야 한다고 충고했지만, 그는 감자칩에 푹 빠져 있다.

해설 advise(조언하다)와 같이 주장, 명령, 제안, 요구를 나타내는 동사 뒤에 that절이 나오면, that절의 동사 자리에는 '~해야 한다'의 의미로 〈should + 동사원형〉에서 should가 생략된 동사원형만이 가능하다. 따라서 정답은 (a)이다.

어휘 back and forth 왔다갔다, 이리저리 kidney stone 신장 결석 advise 조언하다 salty 짠 be obsessed with ~에 집착하다, 빠지다

17. 가정법 과거   정답 (c)

해석 모아는 12피트까지 자랄 수 있는 거대한 날지 못하는 새였다. 그것은 17세기경에 멸종되었다. 만약 모아가 오늘날에도 여전히 존재했다면, 그것은 대부분의 다른 새들을 왜소해 보이게 할 것이다.

해설 빈칸 앞의 if와 보기의 조동사 would(또는 could, might)를 통해 가정법 문제임을 파악한다. 가정법에서 if절의 동사 시제가 과거(existed)이면, 주절의 동사는 〈would/could/might + 동사원형〉이 되어야 한다. 따라서 정답은 (c)이다.

어휘 giant 거대한 flightless 날지 못하는 up to ~까지 extinct 멸종된 century 세기 exist 존재하다 dwarf 움츠리게 만들다

18. 접속사   정답 (b)

해설 다니엘은 오늘 아침에 제출하기로 했던 서류철을 찾을 수 없었다. 그는 결국 마감일이 지난 후에 책상 위에서 그것을 발견했다. 보아 하니, 그는 그것이 서류 더미 밑에 숨겨져 있었기 때문에 보지 못했다.

해설 빈 칸 앞에는 '서류철을 보지 못했다'는 내용이 나오는데, 빈칸 뒤에는 '서류더미 밑에 숨겨져 있었다'는 내용이 이어지고 있다. 문맥상 서류철이 서류더미 밑에 숨겨져 있던 것은 그것을 보지 못했던 이유가 되므로, '때문에'의 의미로 이유를 나타낼 때 쓰이는 접속사인 (b)가 정답이다.

어휘 be supposed to ~하기로 되어 있다 submit 제출하다 eventually 결국 deadline 마감 기한 apparently 보아 하니 hidden 숨겨진 stack 더미 paperwork 서류

19. to부정사  정답 (b)

해석 축구에서, 골키퍼는 특별한 규칙에 따라 경기를 할 수 있다. 예를 들어, 한 규칙은 골키퍼가 손으로 공을 만질 수 있는 유일한 선수라고 명시한다.

해설 동사 'allow'는 to부정사를 목적격 보어로 취하기 때문에, 정답은 (b)이다. to부정사의 완료형인 to have p.p는 해당 절의 시점에서 동작이나 상태가 주절보다 앞설 때 사용되므로 (d)는 정답이 될 수 없다.

어휘 by rules 규칙대로, 규칙에 따라 state 명시하다 allow 허락하다

20. 과거진행   정답 (d)

해석 루이자의 베이비 샤워는 그녀의 아파트에서의 정전 때문에 지연되었다. 불이 갑자기 꺼졌을 때 루이자는 자신의 집으로 오는 방향을 알려주기 위해 그녀의 친구들과 스피커폰으로 말하고 있었다.

해설 when을 사용하여 과거의 동시상황을 나타내는 경우,

특정 과거 시점을 기준으로 반대쪽 절에는 일이나 동작의 진행을 나타내는 과거진행시제가 나와야 한다. when절의 동사(went)가 과거 시점이므로, 주절의 빈칸에는 과거진행시제가 가장 적절하다. 따라서 정답은 (d)이다. 빈칸 문장에는 went가 이미 과거 시점으로 주어져 있기 때문에 단순과거시제인 (b)는 빈칸에 적절하지 않다.

어휘 baby shower 베이비 샤워(출산을 앞둔 임신부에게 아기용 선물을 주는 파티) delay 지연시키다, 미루다 outage 정전 direction 방향 suddenly 갑자기

21. 관계대명사   정답 (b)

해석 꿈은 종종 건강하고 편안한 수면의 신호로 여겨집니다. 수면 습관을 전문으로 하는 내과의들은 꿈은 주로 기억력과 기분에 긍정적으로 영향을 줄 수 있는 수면 주기의 일부인 급속 안구 운동 (REM) 수면 중에 발생한다고 주장한다.

해설 빈칸 앞 선행사인 Physicians는 사람이므로 빈칸에는 사람 명사를 수식할 수 있는 who 또는 whom이 가능하다. 관계대명사 뒤에는 주어(또는 목적어)가 없는 불완전한 절이 나와야 하는데, whom 뒤의 절은 주어 they가 있어 완전한 절, who 뒤의 절은 불완전한 절이므로, 결국 정답은 (b)이다.

어휘 consider 여기다 sign 신호 restful 편안한 claim 주장하다 occur 발생하다 rapid 빠른 cycle 주기 positively 긍정적으로 affect 영향을 미치다

22. 동명사   정답 (a)

해석 그들의 물리학 프로젝트를 위해, 조지의 반 친구들은 5명씩 그룹을 지어 작업해야 했다. 그들은 그룹 친구를 선택할 자유가 있었지만, 그들의 선생님은 그들의 좌석 배치에 따라 팀을 구성할 것을 추천했다.

해설 동사 'recommend'는 동명사를 목적어로 취하기 때문에, 정답은 (a)이다. 동명사의 완료형인 having p.p.는 해당 절보다 시제가 앞설 때 사용되므로 (b)는 정답이 될 수 없다.

어휘 physics 물리학 freedom 자유 recommend 추천하다 seating arrangement 좌석 배치

23. 조동사 문맥 찾기   정답 (b)

해석 라일리는 방금 그녀의 대학의 분자생물학 대학원 과정의 예비 평가를 통과했다. 하지만, 후보자가 되기 위해, 내일 아침에 있을 어려운 구술 시험을 통과해야만 한다.

해설 빈칸 앞 문장에서 라일리가 예비 평가를 통과했다는 내용이 나오고 있다. 그런데 역접을 나타내는 접속부사인 However(그러나)가 이어서 나온 것으로 보아, 후보자가 되기 위해서는 예비 평가를 통과하는 것 외에 구술 시험에 합격하는 것도 필수적인 사항이 된다. 즉 '합격해야 한다'로 의무를 나타내는 해석이 되는 것이 문맥상 가장 적절하므로, 정답은 (b)이다.

어휘 pass 통과하다, (시험 등에) 합격하다 preliminary 예비의 assessment 평가 molecular 분자의 candidate 후보자 oral exam 구술 시험 take place 발생하다

24. 접속부사   정답 (c)

해석 인간은 약 9,000개의 미뢰를 가지고 있는 반면, 개는 오직 평균 1,700개의 미뢰를 가지고 있다. 하지만, 개들은 특정적으로 물의 맛을 느낄 수 있게 만들어진 특별한 미뢰를 가지고 있는데, 그것은 인간이 가지지 않

은 것이다.

해설 빈칸 앞에는 '인간은 개보다 많은 미뢰를 가진다'는 내용이 나오는데, 빈칸 뒤에는 '개는 인간에게 없는 특별한 미뢰를 가진다'는 반대되는 내용이 이어지고 있다. 문맥상 개는 인간보다 적은 미뢰를 가지고 있지만 인간에게 없는 특별한 미뢰를 가진다는 내용이 되어야 하므로, '하지만'의 의미로 반대되는 내용을 나타낼 때 쓰이는 접속사인 (c)가 정답이다.

어휘 approximately 대략 taste bud 미뢰 average 평균 specifically 특별히

해설 가정법 과거완료 구문에서 if절이 도치되어 있는 문장이다(If Heidi had not marked ~ → Had Heidi not marked ~). if절의 동사가 과거완료(had not marked)이므로 주절의 빈칸에는 〈would/could/might + have p.p.〉 형태의 동사가 들어가야 한다. 따라서 정답은 (a)이다.

어휘 lab 연구실 crack into 열다, 침투하다 mysterious 신비한 canister 통 spot 발견하다 mark 표시하다 curious 호기심 많은 colleague 동료

25. 동명사  (c)

해석 스티비 닉스는 솔로 아티스트이자 플릿우드 맥의 멤버로서 모두 성공을 누린 미국 가수이다. 유명해지기 전에, 그녀의 나날은 애리조나 주 피닉스에 있는 작은 공연장에서 공연하는 것을 포함했다.

해설 동사 'include'는 동명사를 목적어로 취하기 때문에, 정답은 (c)이다. 동명사의 완료형인 having p.p.는 해당 절보다 시제가 앞설 때 사용되므로 (a)는 정답이 될 수 없다.

어휘 enjoy 누리다, 즐기다 famous 유명한 include 포함하다 venue (콘서트 등의) 장소

26. 가정법 과거완료  (a)

해석 하이디의 연구팀이 "열지 마!"라고 적힌 메모를 발견했을 때, 그들은 그들이 받은 비밀스러운 통을 막 열려던 참이었다. 하이디가 통에 표시를 하지 않았었다면, 호기심이 많은 그녀의 동료들이 통을 바로 열었을 것이다.

LISTENING SECTION

| 정답과 해설 |

PART 1	27	(b)	28	(c)	29	(b)	30	(d)	31	(a)	32	(d)	33	(c)
PART 2	34	(a)	35	(d)	36	(b)	37	(c)	38	(b)	39	(c)		
PART 3	40	(d)	41	(c)	42	(a)	43	(b)	44	(a)	45	(d)		
PART 4	46	(d)	47	(b)	48	(c)	49	(a)	50	(b)	51	(a)	52	(c)

PART 1. | QUESTIONS 27~33 |

/ 전 / 문 / 해 / 석 /

F　Hi, Harry! You seem to be in a rush. Where are you headed?

여　안녕, 해리! 급해 보이는데. 어디 가는 거야?

M　Oh, hi, Sylvia! 27) I'm on my way to yoga class. My wife's already at the studio waiting for me.

남　응, 안녕, 실비아! 27) 요가 수업에 가는 길이야. 아내가 이미 요가원에서 기다리는 중이지.

F　Oh! I don't mean to hold you up.

여　아! 널 막아 세우려던 건 아니야.

M　I'm in a bit of a hurry, but maybe we can talk while I walk to yoga class?

남　서두르기는 해야 하지만, 아마 요가 수업 들으러 걸어가면서 이야기할 수 있겠는데?

F　Sounds good. You always seem very busy whenever I see you. Do you still work at the law office?

여　좋아. 널 볼 때마다 너는 항상 정말 바빠 보여. 여전히 법률 사무소에서 일해?

M　Yup. For a long time, I've been working more than 10 hours a day, but I'm trying to cut back. Actually, thanks to yoga, I'm getting better at taking breaks from time to time.

남　응. 한동안, 하루에 10시간을 넘게 근무해 왔었는데, 그 시간을 줄여보려 하고 있어. 실제로, 요가 덕분에, 때때로 휴식을 취하는 게 더 잘 되고 있지.

F　Oh, how so?

여　오, 어떻게 그러는데?

M　Well… that's kind of hard to explain. 28) Practicing yoga has made me more aware of myself and my surroundings. These days I have a better sense of what's truly important to me. 28) So now, instead of stressing out all the time about work, I try to relax and spend more time with my wife and kids.

남　음… 뭔가 설명하기 어려운데. 28) 요가를 하는 것은 나 자신과 내 주변 환경을 더 잘 알게 해줬어. 요즘엔 내게 진정으로 중요한 게 무엇인지에 대해 더 잘 알게 되었지. 28) 그래서 이제는 항상 일 때문에 스트레스 받는 것 대신, 마음을 가라앉히고 내 아내와 아이들과 더 많은 시간을 보내려고 노력하고 있어.

F　I think I understand. Well, you do seem more

relaxed now. And your posture has improved!

여 이해할 것 같아. 음, 이제는 너가 훨씬 더 여유로워 보이거든. 그리고 자세도 좋아졌고!

M Yeah, I used to slouch over my work desk all the time. Yoga has helped me correct my sitting and standing postures.

남 응, 난 항상 사무실 책상에서 구부정하게 앉곤 했지. 요가는 내가 앉는 자세와 서 있는 자세를 교정하는 데 도움이 되었어.

F I'm happy for you, Harry.

여 잘됐다, 해리.

M Thanks. I'm really glad that I discovered yoga. It has even improved my sleeping patterns.

남 고마워. 요가를 알게 되어 정말 기뻐. 요가는 심지어 나의 수면 패턴도 개선해줬어.

F Hmm. Now I kind of want to try yoga. I always struggle to get a good night's sleep.

여 흠. 나도 이제 요가를 좀 해 보고 싶다. 난 숙면을 취하기가 항상 힘들거든.

M A lot of people do yoga before bedtime. 29) A few basic exercises will relieve tension in your muscles and help you sleep better.

남 많은 사람들이 자기 전에 요가를 하지. 29) 몇 가지 기본 운동 동작이 근육의 긴장을 풀어주어 더 잘 잘 수 있게 도와줄 거야.

F You make it sound like yoga is the cure for everything! Ha-ha.

여 요가가 만병통치약인 것처럼 말하고 있네! 하하.

M Sorry. I guess I can get a little carried away sometimes. Maybe my wife is to blame—she's the one who got me into yoga. 30) She started with online classes to help lose the weight she'd gained during her pregnancy.

남 미안. 내가 조금 흥분할 수도 있어. 아마 내 아내 때문이겠지. 날 요가에 빠지게 한 건 그녀니까. 30) 그녀는 임신 중에 불어났었던 체중을 감량하는 데 도움이 되려고 온라인 수업을 시작했었어.

F So, you're saying yoga will help me lose weight as well?

여 그러니까, 요가가 살을 빼는 데도 도움이 된다는 거야?

M Ha-ha. That's right!

남 하하. 바로 그거야!

F Well, I guess yoga really does have many benefits.

여 음, 요가는 정말 많은 장점을 가지고 있는 것 같네.

M Maybe you can join me and my wife at our class sometime? 31) Online videos are great, but joining an in-person yoga class will help you make new friends.

남 언제 한 번 나와 내 아내가 다니는 수업을 함께 해도 되겠는데? 31) 온라인 영상도 좋지만, 수업에 직접 들어오는 것은 새로운 친구를 사귀는 데 도움이 될 테니까.

F That sounds fun. Have you made a lot of friends at yoga?

여 재밌겠다. 요가에서 친구들 좀 사귀었어?

M I have! The yoga instructors and attendees at our class are always friendly.

남 그랬지! 우리 수업의 요가 강사님들과 수강생들이 언제나 친절해.

F I see. ³²⁾ I'm considering it, but I'm a bit concerned about my schedule. Do you go on the weekend too?

여 그렇구나. ³²⁾ 고려는 해볼 테지만, 일정이 살짝 걱정돼. 너는 주말에도 가?

M ³³⁾ We'll be attending this Saturday. If you're free to join us, just send me a text.

남 ³³⁾ 우리는 이번 주 토요일에 갈 거야. 같이 갈 수 있으면, 내게 문자 보내면 돼.

F ³³⁾ I think I'm free on Saturday. Is there anything I need to bring to class?

여 ³³⁾ 나 토요일에 시간 될 것 같아. 수업에 가져갈 게 뭐가 있어?

M Just a yoga mat, Sylvia. And remember to wear proper yoga attire. A pair of sweatpants and a light top should help you stretch and move your body comfortably.

남 요가 매트 하나면 돼, 실비아. 그리고 적절한 요가복을 입을 것을 기억해. 추리닝 바지와 가벼운 상의 한 벌이면 너의 몸을 편안하게 펴고 움직이는데 도움이 될 거야.

F Okay, Harry. You've really convinced me to try yoga. See you Saturday!

여 알겠어, 해리. 너 정말 내가 요가를 하도록 설득시켜버렸구나. 토요일에 봐!

/ 주 / 요 / 어 / 구 /

seem ~한 것처럼 보이다 in a rush 바쁘게, 서두르는 head 가다, 향하다 be on one's way to ~로 가는 길이다 hold A up (A의 흐름·진행을) 지연시키다, 방해하다 law office 법률사무소 cut back 줄이다 actually 실제로, 사실은 thanks to ~덕

분에 take a break 휴식을 취하다 from time to time 때때로 explain 설명하다 practice 연습; 연습하다 aware of ~를 알고 있다 surrounding 주변 환경 have a better sense of ~을 더 잘 알게 되다 stress out 스트레스를 받다 relax 휴식을 취하다, 긴장을 풀다 spend time with ~와 함께 시간을 보내다 posture 자세 improve 향상시키다 used to ~하곤 했다 slouch 구부정하게 서다, 앉다 correct 바로잡다 discover 발견하다 struggle 애쓰다, 분투하다 relieve 완화시키다 tension 긴장 muscle 근육 cure 치료제 get carried away 흥분하다, 들뜨다 blame 탓하다 lose weight 체중을 감량하다 benefit 이점 in-person 직접의 instructor 강사 attendee 참석자 consider 고려하다, 여기다, 간주하다 be concerned about ~에 대해 걱정하다 proper 적절한 attire 옷 convince A to V A에게 ~하라고 설득하다, 납득시키다

/ 문 / 제 / 해 / 결 /

27. 세부 내용 (b)

Where is Harry going when he sees Sylvia?
(a) to teach a yoga class
(b) to meet up with his wife
(c) to work at the law office
(d) to do yoga at his home

해석 해리는 실비아를 볼 때 어디에 가고 있었는가?
(a) 요가 수업을 하러
(b) 아내를 만나러
(c) 법률사무소에서 일하러
(d) 집에서 요가를 하러

해설 어디 가냐는(Where are you headed?) 실비아의 질문에 해리가 요가 수업에 가는 길이라고(I'm on my way to yoga class) 하면서, 요가원에서 아내가 자신을 기다리고 있다(My wife's already at the studio waiting for me)고 했다. 이를 통해 해리는 자신의

아내를 만나러 가고 있음을 알 수 있으므로, 정답은 (b)이다.

오답체크

(a): 대화를 쭉 들어보면 해리는 요가 수업에 수강생으로 참여하는 것이지 가르치는 쪽이 아니다.

어휘 teach 가르치다 meet up with ~와 만나다

28. 세부 내용  (c)

How has practicing yoga changed Harry's perspective?

(a) by helping him appreciate alone time
(b) by inspiring him to work harder
(c) by showing him the importance of family
(d) by convincing him to retire early

해석 요가를 하는 것이 해리의 관점을 어떻게 바꿨는가?

(a) 혼자만의 시간을 갖게 도와줌으로써
(b) 그가 더 열심히 일하도록 격려함으로써
(c) 그에게 가족의 중요성을 보여줌으로써
(d) 그가 일찍 퇴직하도록 설득함으로써

해설 해리가 질문의 키워드인 practicing yoga를 언급하는 부분을 들어보면, 요가가 스스로와 주변 환경을 더 잘 알게 해줬다(Practicing yoga has made me more aware of myself and my surroundings)고 말하면서, 이어서 일 때문에 스트레스 받는 것 대신 아내와 아이들과 더 많은 시간을 보내려고 노력한다(I try to relax and spend more time with my wife and kids)고 했다. 즉 요가를 통해 해리의 관점이 일에서 가족으로 변했음을 알 수 있으므로, 정답은 (c)이다.

어휘 perspective 관점 appreciate 누리다, 감사하다, 감상하다 inspire 격려하다 importance 중요성 retire 은퇴하다 early 이른; 일찍

29. 세부 내용 (b)

According to Harry, how does yoga help with sleeping?

(a) It soothes the mind after a busy day.
(b) It relaxes muscles before bed.
(c) It makes one tired from working out.
(d) It improves sleeping postures.

해석 해리에 따르면, 요가가 수면에 어떻게 도움을 주는가?

(a) 바쁜 하루 후에 마음을 진정시켜 준다.
(b) 자기 전에 근육의 긴장을 풀어준다.
(c) 운동하는 것으로 사람을 피곤해지게 만든다.
(d) 잠자는 자세를 개선시킨다.

해설 숙면을 취하기 어렵다는 실비아의 말에, 해리는 요가의 기본 동작들이 근육의 긴장을 풀어주어 더 나은 수면을 취할 수 있게 도와준다(A few basic exercises will relieve tension in your muscles and help you sleep better.)고 했다. 따라서 정답은 (b)이다.

오답체크

(d): 잠을 잘 때의 자세에 대해서는 언급된 바 없다.

어휘 soothe 진정시키다 mind 마음 relax 이완시키다 work out 운동하다 improve 개선하다, 향상시키다

30. 세부 내용 (d)

Why did Harry's wife start doing yoga?

(a) to prepare for childbirth
(b) to keep herself entertained
(c) to stay healthy while pregnant
(d) to lose some weight

해석 해리의 아내는 왜 요가를 시작했는가?

(a) 출산을 준비하기 위해
(b) 그녀 스스로 즐겁게 지내기 위해
(c) 임신하는 동안 건강을 유지하기 위해
(d) 몸무게를 감량하기 위해

해설 　해리에 의하면 그의 아내는 임신 기간 동안에 불어난 체중을 줄이기 위해(to help lose the weight she'd gained during her pregnancy) 온라인 요가 수업을 듣기 시작했다고 했다. 따라서 정답은 (d)이다.

오답체크

(c): 해리의 말에 따르면, 그의 아내가 임신 중인 동안에는 건강을 유지하려던 것이 아니라 체중이 불어났을 시기였다. 또한 요가를 시작한 계기로 단순히 건강을 유지하기 위함이 아니라 살을 빼기 위함이라고 직접적으로 언급되어 있다.

어휘 　prepare 준비하다　childbirth 출산　entertain 즐겁게 하다

31. 세부 내용　　　정답 (a)

According to Harry, why would it be good for Sylvia to attend a yoga class in person?

(a) She can get to know her classmates.
(b) She can stretch out more.
(c) She can get professional advice.
(d) She can bring some friends.

해석 　해리에 따르면, 왜 실비아가 대면 요가 수업을 듣는 것이 좋을 것 같은가?
(a) 그녀는 수강생들과 친해질 수 있다.
(b) 그녀는 더 많이 스트레칭 할 수 있다.
(c) 그녀는 전문적인 조언을 얻을 수 있다.
(d) 그녀는 몇몇 친구들을 데려올 수 있다.

해설 　해리가 질문의 키워드인 in person을 언급하는 부분을 들어보면, 요가 수업에 직접 들어오는 것이 새로운 친구를 사귀는 데 도움이 될 거라고(joining an in-person yoga class will help you make new friends) 했다. 즉 대면 수업의 좋은 점으로 수강생들과 친해질 수 있다는 점을 언급하고 있는 것이므로, 정답은 (a)이다.

오답체크

(d): 대화에 따르면 친구 데려오기가 아닌 친구 사귀기에 대한 언급만 되어 있다.

어휘 　stretch out 쭉 뻗다, 펴다　professional 전문적인　advice 조언

32. 추론　　　정답 (d)

Why is Sylvia probably concerned about joining a yoga class?

(a) because she is low on funds
(b) because she needs yoga gear
(c) because she is inexperienced
(d) because she might be busy

해석 　왜 실비아는 요가 수업에 가는 것에 대해 걱정하고 있는 것 같은가?
(a) 그녀는 자금이 부족하기 때문에
(b) 그녀는 요가 장비가 필요하기 때문에
(c) 그녀는 경험이 부족하기 때문에
(d) 그녀가 바쁠 수도 있기 때문에

해설 　실비아가 요가 수업에 가는 것에 대해 일정이 걱정된다고 언급(but I'm a bit concerned about my schedule)하고 있는데, 이는 결국 그녀가 그 날에 바쁠 수도 있음을 추론할 수 있는 근거가 된다. 따라서 정답은 (d)이다.

어휘 　be low on ~이 부족하다, 얼마 안 남다　fund 자금

gear 장비 inexperienced 경험이 없는, 미숙한

33. 추론   (c)

> What will Sylvia most likely do on Saturday?
> (a) buy things for yoga class
> (b) start doing yoga on her own
> (c) join her friend at the yoga studio
> (d) try out a virtual yoga class

해석 실비아가 토요일에 무엇을 할 것 같은가?
(a) 요가 수업을 위한 물건을 산다
(b) 혼자 하는 요가를 시작한다
(c) 요가원에서 그녀의 친구와 함께 한다
(d) 가상 요가 수업을 시도해 본다

해설 해리가 토요일에 요가 수업에 간다고 하면서, 실비아에게 같이 갈 수 있으면 문자 보내라고 하자, 실비아가 토요일에 시간이 될 것 같다(I think I'm free on Saturday)고 대답한다. 이를 통해 실비아는 해리와 함께 토요일에 요가원에 갈 것임을 추론할 수 있으므로, 정답은 (c)이다.

어휘 on one's own 혼자서, 스스로 try out 시험 삼아 ~하다 virtual 가상의

PART 2. | QUESTIONS 34~39 |

/ 전 / 문 / 해 / 석 /

Hello and welcome to the Annual Missouri Pet Fair! Today, I will be introducing a new product that's perfect for pet owners who are frequently away from their pets. Without further delay, here's PetCom!

안녕하세요, 미주리 반려동물 박람회에 오신 것을 환영합니다! 오늘은 반려동물과 자주 멀리 떨어져 있는 반려동물 주인에게 딱 맞는 새로운 제품을 소개해 드리려고 합니다. 더 이상의 지체 없이, 바로 펫컴입니다!

PetCom is the high-tech combination of a pet feeder and a monitor. At first glance, it looks just like an ordinary pet food dispenser with vertical storage containers that can be filled with food and water. It also comes with attached bowls, into which the pet food will drop. 34) However, PetCom has several other features that can help you take care of your pets when you're not at home.

펫컴은 반려동물 급식기와 모니터의 최첨단 결합입니다. 처음 봤을 때에는, 음식과 물이 채워져 있는 수직 저장 용기를 가진 평범한 반려동물 사료 배식기처럼 보이죠. 그것은 또한 부착 그릇이 같이 있어서, 그 안으로 사료가 내려옵니다. 34) 하지만 펫컴에는 여러분이 집에 없을 때 여러분의 반려동물을 돌봐 줄 수 있는 몇 가지 다른 기능들이 있습니다.

For one thing, you can operate the device using the free PetCom app, which allows you to activate the food and water dispensers remotely. Make sure to fill both containers before you leave home! 35) To operate the pet feeder, simply open the PetCom app. Then, with just one tap of your screen, the dispenser will drop food and water into their respective bowls. Using the app, you can also adjust precisely how many grams of food or liters of water to dispense.

우선, 여러분은 무료 펫컴 앱을 사용하여 장치를 조작할 수 있는데, 이것은 여러분이 음식과 물 배식기를 원격으로 작동시킬 수 있게 해줍니다. 집을 나가기 전에 반드시 두 그릇을 가득 채워주세요! 35) 반려동물 급식기를 작동시키기 위해서는, 펫컴 앱을 열기만 하면 됩니다. 그리고 나서, 화면을 한 번 터치해 주기만 하면, 배식기는 각각의 그릇에 음식과 물을 내려줄 것입니

다. 이 앱을 사용하여, 몇 그램의 음식 혹은 몇 리터의 물을 분배해 줄 것인지를 정확하게 조절할 수 있습니다.

36) In case you're busy and won't be able to open the app throughout the day, PetCom has you covered. Just go to the app's Advanced Settings to create an automatic feeding schedule. The Feeding Schedule function is as simple as your smartphone's alarm clock—set timers for when food and water will be dispensed, schedule them for daily or weekly drops, then hit the app's "Publish Feeding Schedule" button.

36) 여러분이 바빠서 하루 종일 앱을 열지 못할 경우에, 펫컴이 여러분을 도와드립니다. 앱의 고급 설정으로 가서 자동 배식 일정을 만들어 주면 됩니다. 배식 일정 기능은 스마트폰의 알람 시계만큼이나 간단하죠. 음식과 물이 언제 분배될 지에 대한 타이머를 설정하고, 일일 또는 주간 배식을 예약한 다음, 앱의 "배식 일정 내보내기" 버튼을 누르세요.

PetCom is also furnished with an HD Pet Camera, so you can make sure that your pets are safe while you're away. Using the small camera lens in front, the Pet Camera shows a 180-degree view of the area where it is installed. This makes it easy for you to watch your pets while they're eating, playing, or walking around the house. Upon opening the app, the screen will show a live video feed of the Pet Camera's frontal view. You can tilt the camera sideways, up, or down to extend its range. 37) Just make sure that there are no physical obstructions so that you can maximize your view through the Pet Camera.

펫컴에는 HD 펫 카메라가 탑재되어 있어서, 여러분이 밖에 계시는 동안 반려동물들이 안전하다는 것을 확인하실 수 있습니다. 앞면의 소형 카메라를 사용하여, 펫 카메라는 설치된 지역의 180도 시야를 보여줍니다. 이는 여러분의 반려동물들이 먹고, 놀고, 집 안을 돌아다니는 동안 그들을 지켜보기 쉽게 해줍니다. 앱을 열자마자, 화면이 펫 카메라의 전면 시야를 보여주는 실시간 영상 피드가 화면에 표시됩니다. 여러분은 범위를 확장하기 위해 카메라를 좌우, 위, 아래로 기울일 수 있습니다. 37) 펫 카메라를 통해 여러분의 시야를 최대한 활용할 수 있도록 물리적인 장애물이 없도록 해주세요.

Another key component of PetCom is its two-way audio function. This allows you to hear all the sounds detected by the device and, at the same time, speak to your pets through PetCom's built-in speakers. Let your pets feel as if you are at home with them, even when you're at work, out of town, or in a different state. 38) This feature also comes in handy when you're trying to calm your fighting pets. Just open the app, hold down the microphone button, and say the words that usually calm your pets and help keep the peace.

펫컴의 또 다른 핵심 구성 요소는 양방향 오디오 기능입니다. 이는 여러분이 기기에서 감지되는 모든 소리를 듣는 동시에 펫컴의 내장 스피커를 통해 반려동물과 대화할 수 있도록 합니다. 여러분이 직장에 있을 때나, 도시를 벗어나 있을 때나, 다른 주(州)에 있을 때나 여러분의 반려동물이 여러분과 집에 함께 있는 것처럼 느끼게 해주세요. 38) 이 기능은 또한 싸우는 반려동물들을 진정시킬 때에도 유용합니다. 앱을 열고, 마이크 버튼을 누른 상태에서, 평소에 반려동물들을 진정시키고 평화를 지속하는 데 도움이 되는 말을 해주시면 됩니다.

Today, we have a special offer for pet owners who love to snap pictures of their sweet little fur babies. 39) Customers who visit our PetCom booth with a picture of their adorable dogs, cats, bunnies, or any kind of pet will get 10 percent off their PetCom purchase. Thank you for listening, and please enjoy the rest of the pet fair!

오늘, 우리는 자신들의 작고 귀여운 털뭉치 아이들의 사진을 찍는 것을 좋아하는 반려동물 주인들을 위한 특별한 할인을 합니다. 39) 사랑스러운 강아지, 고양이, 토끼, 그 밖의 다른 여러 반려동물 사진을 가지고 펫컴 부스를 방문하는 고객님들은 펫컴 구매 시 10퍼센트 할인을 받으실 수 있습니다. 들어주셔서 감사드리며, 남은 반려동물 박람회를 즐기시기 바랍니다!

/ 주 / 요 / 어 / 구 /

annual 연간의 fair 박람회 introduce 소개하다 product 제품 owner 주인, 소유주 frequently 자주, 빈번히 without further delay 더 이상의 지체 없이 high-tech 첨단 기술의 combination 결합, 조합 feeder 먹을 것을 주는 사람, 공급 장치 ordinary 보통의, 평범한 dispenser 분배기, 배식기 vertical 수직의 storage 저장 container 그릇, 용기 fill 채우다 come with (구성품으로) ~가 딸려 오다, 포함되다 attached 부착된 several 몇몇의 operate 가동하다, 작동시키다 allow 허락하다 activate 작동시키다, 활성화시키다 respective 각각의 bowl 그릇 adjust 조정하다 precisely 정확하게 in case ~하는 경우에 throughout ~동안 내내 have ~ covered ~를 도와주다, (주어)만 믿으세요 advanced 고급의, 향상된 automatic 자동의 schedule 일정 be furnished with ~가 구비되어 있다, 갖춰져 있다 make sure 확인하다, 확실하게 하다 safe 안전한 install 설치하다 upon -ing ~하자마자 frontal 정면의 tilt 기울이다 sideways 옆으로 extend 확장하다, 연장하다 range 범위 physical 물리적인, 실체의 obstruction 장애물 maximize 극대화하다, 최대한 활용하다 component 요소 two-way 양방향의 function 기능; 기능하다 detect 감지하다 device 장치 built-in 내장된 as if 마치 ~인 것처럼 feature 기능, 특징 come in handy ~가 유용하다, 쓸모가 있다 calm 진정시키다 offer 제안; 제안하다, 제공하다 snap 사진을 찍다 adorable 사랑스러운 purchase 구매

/ 문 / 제 / 해 / 결 /

34. 주제 (a)

What product is being presented?
(a) a device to help with pet care
(b) a toy to keep pets entertained
(c) a health monitor for pets
(d) a motion-sensing pet door

해석 어떤 제품이 발표되고 있는가?
(a) 반려동물 돌봄을 돕는 장치
(b) 반려동물을 계속 즐겁게 하는 장난감
(c) 반려동물을 위한 건강 모니터
(d) 동작을 감지하는 반려동물 문

해설 펫컴은 주인이 집에 없을 때 반려동물 돌보기를 돕는 기능이 있다(PetCom has several other features that can help you take care of your pets)고 했으므로, 정답은 반려동물 돌봄 장치를 나타내는 (a)가 정답이다.

오답체크

(c): 연설 초반에 monitor가 언급되기는 하지만 이것이 건강(health)에 관한 건지는 나와 있지 않다. 또한 펫컴은 모니터만 있는 것이 아니라 급식기가 함께 결합되어 있는 제품이다.

어휘 motion-sensing 동작을 감지하는

35. 세부 내용 (d)

How can owners drop food and water into their pets' bowls?

(a) with an automatic timer
(b) through voice-activated controls
(c) with a button on the machine
(d) through a mobile device

해석 | 반려동물 주인은 어떻게 음식과 물을 반려동물의 그릇에 내릴 수 있는가?

(a) 자동 타이머로
(b) 음성 인식 조작을 통해
(c) 기계에 있는 버튼으로
(d) 모바일 기기를 통해

해설 | 질문의 키워드(drop food and water into ~ bowls)가 나오는 부분에서, 펫컴은 앱(To operate the pet feeder, simply open the PetCom app)과 스크린 조작(with just one tap of your screen)을 통해 그릇에 음식과 물을 채운다. 주어진 내용에서 펫컴은 모바일 기기를 통해 사용되어지는 것임을 알 수 있으므로, 정답은 (d)이다.

오답체크

(c): 펫컴의 배식기를 원격으로 조작하는 방법을 다루는 내용이므로, 배식기의 버튼을 누른다는 것은 본문의 내용과 어울리지 않는다.

어휘 | **voice-activated** 음성 인식의, 음성으로 작동하는
control 조작, 통제

36. 추론   정답 (b)

Based on the talk, why would one use the Feeding Schedule function?

(a) to remember to fill the bowls
(b) to automate the feeding times
(c) to produce less food waste
(d) to keep pets from overeating

해석 | 발표에 따르면, 왜 배식 예약 기능을 사용할까?

(a) 그릇을 채우는 것을 기억하기 위해
(b) 배식 시간을 자동화하기 위해
(c) 음식물 쓰레기를 덜 생산하기 위해
(d) 반려동물이 과식하는 것을 막기 위해

해설 | 질문의 키워드인 배식 예약 기능(the Feeding Schedule function)이 언급되는 부분을 들어보면, 바빠서 앱을 열지 못할 때는 자동 배식 일정을 만들어 주라고(to create an automatic feeding schedule) 했으므로, 이 기능은 결국 배식 시간을 자동화해야 할 때 사용하는 것임을 알 수 있다. 따라서 정답은 (b)이다.

어휘 | **fill** 채우다 **automate** 자동화하다 **overeat** 과식하다

37. 추론   정답 (c)

What should one probably do to maximize the benefits of PetCom's camera?

(a) program it to follow the pets
(b) install a wide-angle lens
(c) place it away from furniture
(d) tilt it slightly upwards

해석 | 펫컴의 카메라의 이점을 극대화하기 위해 무엇을 해야 할 것 같은가?

(a) 카메라가 반려동물을 따라가도록 설정한다
(b) 광각렌즈를 설치한다
(c) 카메라를 가구로부터 멀리 놓는다
(d) 카메라를 약간 위로 기울인다

해설 | 질문의 키워드인 maximize가 언급되는 부분에서, 펫 카메라의 시야를 최대한 활용하려면 물리적인 장애물이 없어야 한다(Just make sure that there are no physical obstructions so that you can maximize your view through the Pet Camera.)고 했다. 이를 바탕으로 시야를 가릴 만한 가구 따위를 카메라와 멀리 놓는 것이 그것을 최대한 활용할 수 있는 방법이라고 추론하는 것이 가장 적절하다. 따라서 정답은 (c)이다.

어휘 | **translate** 번역하다, 통역하다 **place** 놓다, 두다; 장소
slightly 약간 **upwards** 위쪽으로

38. 세부 내용  (b)

> How does PetCom help calm fighting pets?
> (a) It dispenses special treats.
> **(b) It lets them hear their owner's voice.**
> (c) It plays soothing nature sounds.
> (d) It releases a toy for them to play with.

해석 펫컴은 싸우는 반려동물들을 진정시키는 데 어떻게 도움을 주는가?
(a) 그것은 특별 간식을 분배한다.
(b) 그것은 반려동물이 주인의 목소리를 듣게 해준다.
(c) 그것은 마음을 가라앉히는 자연의 소리를 재생한다.
(d) 그것은 반려동물이 가지고 놀 장난감을 풀어준다.

해설 질문의 키워드인 fighting pets가 언급되는 부분에서, 펫컴 앱의 마이크 기능을 통해 주인이 반려동물들을 진정시키는 말을 할 수 있다(say the words that usually calm your pets and help keep the peace)는 내용이 나온다. 즉 펫컴은 반려동물들이 주인의 목소리를 듣게 해줌으로써 그들을 진정시키는 데 도움이 된다는 사실을 알 수 있으므로, 정답은 (b)이다.

어휘 dispense 분배하다, 나누어 주다 treat 간식
soothing (마음을) 가라앉히는, 진정시키는 release 내놓다, 풀어주다

39. 세부 내용 정답 (c)

> How can customers get a discount on a PetCom device?
> (a) by being the first buyer
> (b) by bringing their pets
> **(c) by showing their pet photos**
> (d) by owning multiple pets

해석 어떻게 고객이 펫컴 기기를 할인받을 수 있는가?
(a) 첫 번째 구매자가 됨으로써
(b) 그들의 반려동물을 데려옴으로써
(c) 그들의 반려동물 사진을 보여줌으로써
(d) 여러 반려동물을 가짐으로써

해설 반려동물의 사진과 함께 펫컴 부스에 방문하는 고객들(Customers who visit our PetCom booth with a picture of ~ any kind of pet)은 10퍼센트 할인을 받을 것(will get 10 percent off their PetCom purchase.)이라고 했다. 따라서 정답은 (c)이다.

어휘 discount 할인 multiple 다수의

PART 3. | QUESTIONS 40~45 |

/ 전 / 문 / 해 / 석 /

M Hi, Audrey! Last time I saw you, construction had just begun on your new house. Is it finished yet?

남 안녕, 오드리! 지난번에 너를 봤을 때, 너희 새집 공사가 막 시작됐었잖아. 아직 안 끝났어?

F Hello, Norman! Yes, the house itself is almost done. 40) Unfortunately, the backyard is still far from finished.

여 안녕, 노먼! 맞아, 집 자체는 거의 완공됐어. 40) 안타깝지만, 뒷마당은 끝나려면 아직 한참 남았어.

M 40) Oh. That seems like it could be a problem. What's going on?

남 40) 오. 그건 문제가 될 수도 있겠네. 무슨 일 있어?

F Well, I'm having a hard time deciding whether we should build a playground or a pool.

여 음, 우리가 놀이터를 지어야 할지 수영장을 지어야 할지를 결정하는 데 어려움을 겪고 있어.

M I can see why that would be a difficult choice. Both a playground and a pool would be nice to have in your backyard. How about we discuss the pros and cons of each option?

남 그게 왜 어려운 선택일지 알겠어. 놀이터와 수영장 둘 다 뒷마당에 있으면 좋을 텐데. 각 선택지의 장단점에 대해 논의해 보는 건 어때?

F I'd love that. Well, first, if we build a playground in our backyard, my kids can have fun playing a variety of games on all the equipment.

여 좋아. 음, 우선, 뒷마당에 놀이터를 짓는다면, 우리 아이들은 모든 설비로 다양한 놀이를 하며 즐길 수 있어.

M Right. You can get a slide, monkey bars, or my childhood favorite—a swing set! 41) Another advantage is that playgrounds encourage physical activity.

남 맞아. 너는 미끄럼틀, 구름사다리, 또는 내가 어렸을 때 가장 좋아했던 그네를 가질 수 있지! 41) 또 다른 장점은 놀이터가 신체 활동을 장려한다는 거야.

F 41) Good point. I think it will be really beneficial for my children to stay healthy and active, especially since they like to spend so much time on their electronic devices.

여 41) 좋은 지적이야. 특히 아이들이 전자기기에 너무 많은 시간을 쓰고 싶어 하니, 우리 아이들이 건강과 활동성을 유지하는 것이 정말 유익한 일이라고 생각해.

M I hear you! However, building a playground in your backyard also comes with disadvantages.

남 나도 그 마음 이해해! 하지만, 뒷마당에 놀이터를 짓는 것은 단점도 따르지.

F Right. 42) One disadvantage is that the materials can easily deteriorate, especially here in Florida where the weather is unpredictable.

여 맞아. 42) 한 가지 단점은 특히 날씨 예측이 어려운 이곳 플로리다에서 자재들의 상태가 쉽게 나빠질 수 있다는 거야.

M 42) You have a point. With the playground always getting exposed to sunlight and rain, the materials can easily rust and break down. Another disadvantage is that your kids will eventually outgrow the playground.

남 42) 일리 있네. 놀이터가 햇빛과 비에 항상 노출되면서, 그 자재들은 쉽게 녹슬고 파손될 수 있지. 또 다른 단점은 너희 아이들이 결국 나이가 들어서 놀이터에 흥미를 잃게 된다는 거지.

F You're right, Norman. Come to think of it, kids these days easily get tired of their old toys and are constantly looking for something new to excite them.

여 네 말이 맞아, 노먼. 생각해 보니, 아이들이 요즘 그들의 오래된 장난감에 쉽게 질려 하고 자기들을 신나게 할 뭔가 새로운 것을 끊임없이 찾고 있잖아.

M How about building a pool in your backyard, Audrey? What advantages can you think of?

남 뒷마당에 수영장을 짓는 건 어때, 오드리? 무슨 장점을 떠올릴 수 있을까?

F Well, having a pool in our backyard would be nice because my kids can take a dip whenever they feel like it. 43) These days, it's not easy to find enough time to make a special trip to the beach or the community pool.

여 음, 뒷마당에 수영장이 있으면 아이들이 수영하고 싶을 때 언제든 들어갈 수 있어서 좋을 것 같네. 43) 요즘은, 해변이나 공영 수영장으로의 특별한 여행을 위한 충분한 시간을 내기가 쉽지 않아.

M Yeah. And the community pool is always crowded because so many other people go there.
남 그래. 그리고 공영 수영장은 너무 많은 다른 사람들이 가니까 항상 붐비지.

F 45) Another advantage is that my whole family can get together and have a pool party!
여 45) 또 다른 장점은 우리 가족 전체가 함께 모여서 수영장 파티를 할 수 있다는 거야!

M Maybe you can invite me to one of those pool parties, eh? Ha-ha. Well, how about the disadvantages of building a pool?
남 수영장 파티에 날 초대할 수 있을 지도 모르겠네? 하하. 그럼, 수영장을 짓는 것의 단점은 어떨까?

F One big concern is the price. When I asked our contractor, I was surprised to hear how expensive it was.
여 한 가지 큰 걱정은 가격이야. 시공사에 물어봤을 때, 나는 그것이 얼마나 비쌌는지 듣고 놀랐다니까.

M Yeah—building a pool is definitely not cheap.
남 그래. 수영장을 짓는 게 분명 싸진 않지.

F Another disadvantage is that swimming pools are hard to maintain. 44) I've seen pool maintenance videos online, and I worry about having to clean the pool every week.
여 또 다른 단점은 수영장은 관리하기가 어렵다는 거야. 44) 온라인으로 수영장 관리 동영상을 봤는데, 수영장 청소를 주마다 해야 한다는 게 걱정돼.

M 44) You have a point. To clean a pool, you're going to need some free time… and a lot of chemicals!
남 44) 일리 있네. 수영장을 청소하기 위해, 너는 어느 정도의 여유 시간… 그리고 많은 화학 물질들이 필요하겠지!

F Oh, my. I can smell the chlorine now… Well, I didn't think choosing between a playground and a pool would be this tough.
여 아, 이런. 이제 클로린 냄새가 나는 것 같아… 음, 나는 놀이터와 수영장 중 하나를 선택하는 것이 이렇게나 어려울 거라고는 생각도 못했어.

M Did our talk help at all?
남 우리의 대화가 조금이라도 도움이 되었니?

F It sure did! 45) And I think I know which option to go with—the one that will allow me to have some fun social gatherings with my family this summer.
여 확실히 됐지! 45) 그리고 내가 어떤 선택을 해야 할지 알 것 같아, 이번 여름에 가족들과 즐거운 친목 모임을 가지게 해 줄 그 선택지 말이지.

M Good to hear, Audrey! Glad I was able to help!
남 잘됐네, 오드리! 내가 도움이 되었다니 좋았어!

F Thanks, Norman!
여 고마워, 노먼!

/ 주 / 요 / 어 / 구 /

construction 건설 unfortunately 안타깝게도 backyard 뒷마당 far from ~와 거리가 먼, 전혀 ~아닌 have a hard time

-ing ~하는 데 어려움을 겪다 decide 결정하다 difficult 어려운, 힘든 discuss 논의하다 pros and cons 장단점 option 선택지 a variety of 다양한 equipment 장비, 설비 slide 미끄럼틀 monkey bar 구름사다리 swing 그네 advantage 이점 encourage 장려하다 physical activity 신체활동 beneficial 이로운, 유익한 healthy 건강한 active 활동적인 especially 특히 spend 시간을 쓰다 electronic device 전자장치 disadvantage 단점 material 재료, 물질 deteriorate (품질·상태 등이) 나빠지다, 악화하다 unpredictable 예측할 수 없는 be exposed to ~에 노출되다 rust 녹슬다 eventually 결국 outgrow ~보다 커지다, (나이가 들어서) ~에 흥미를 잃다 constantly 끊임없이 excite 들뜨게 하다 take a dip 물에 빠지다, (잠깐) 수영을 하다 community pool 공영 수영장 crowded (사람들로) 붐비는, 가득 찬 whole 전체의 concern 걱정, 우려 contractor 시공사, 도급업체 expensive 비싼 definitely 분명히, 확실히 maintenance 유지 보수, 관리 chemical 화학물질 chlorine (수영장 소독약으로 사용되는) 클로린, 염소 tough 힘든 social gathering 친목(사교) 모임

/ 문 / 제 / 해 / 결 /

40. 세부 내용　　　　　　　　정답 (d)

Why is Audrey having a problem with her backyard?

(a) because it has very little grass
(b) because it is too small
(c) because it needs a new fence
(d) because it is unfinished

 왜 오드리는 뒷마당에 관하여 문제를 가지고 있는가?

　(a) 잔디가 매우 적기 때문에
　(b) 너무 작기 때문에
　(c) 새 울타리가 필요하기 때문에
　(d) 마무리가 되지 않았기 때문에

해설　오드리가 뒷마당 공사가 끝나려면 아직 한참 남았다(Unfortunately, the backyard is still far from finished.)고 하자, 노먼이 그건 문제가 될 수도 있겠다(That seems like it could be a problem.)고 대답하고 있다. 이를 통해 뒷마당이 마무리가 되지 않은 것이 오드리에게 문제가 되고 있음을 알 수 있으므로, 정답은 (d)이다.

어휘　little 거의 없는　grass 풀, 잔디　fence 울타리　unfinished 마무리가 되지 않은, 미완성의

41. 세부 내용　　　　　　　　정답 (c)

According to Audrey, how will her kids benefit from having a playground?

(a) They will stop using electronics.
(b) They can win athletic contests.
(c) They will get some exercise.
(d) They can invite friends to play.

해석　오드리에 따르면, 그녀의 아이들이 놀이터를 갖는 것으로부터 어떤 이점을 얻을 것인가?

　(a) 그들은 전자제품 사용을 멈출 것이다.
　(b) 그들은 운동 경기에서 승리할 수 있다.
　(c) 그들이 운동을 좀 할 것이다.
　(d) 그들은 같이 놀 친구들을 초대할 수 있다.

해설　질문의 키워드 benefit이 beneficial로 패러프레이징된 부분에서, 놀이터가 신체 활동을 장려한다(playgrounds encourage physical activity)는 노먼의 말에, 오드리가 동의하면서 아이들이 건강과 활동성을 유지하는 게 정말 유익하다(it will be really beneficial for my children to stay healthy and active)고 한다. 즉, 오드리도 아이들이 운동하는 것이 그들에게 이롭다고 생각하고 있으므로, 정답은 (c)이다.

오답체크

(a): 전자제품 사용을 중단시키는 것이 놀이터를 짓는 것의 장점으로 이어진다는 내용은 본문에서 알 수 없다.

어휘 electronics 전자 장치 athletic 운동의, 육상의 contest 대회 invite 초대하다

42. 세부 내용 정답 (a)

According to the conversation, how can local weather pose a problem?

(a) by damaging the equipment
(b) by being too hot for playing
(c) by putting the children in danger
(d) by being too rainy to go outside

해석 대화 내용에 따르면, 어떻게 지역 날씨가 문제를 야기할 수 있는가?

(a) 기구에 손상을 가함으로써
(b) 놀기에는 너무 뜨거워짐으로써
(c) 아이들을 위험에 빠뜨림으로써
(d) 밖에 나가기에는 비가 너무 많이 내림으로써

해설 플로리다의 날씨로 인해 놀이터 자재들의 상태가 쉽게 나빠진다(the materials can easily deteriorate, in Florida where the weather is unpredictable)고 한 점, 햇빛과 비 때문에 자재들이 쉽게 녹슬고 파손될 수 있다(With the playground always getting exposed to sunlight and rain, the materials can easily rust and break down)고 한 점을 바탕으로, 날씨가 놀이터 기구에 손상을 가하는 문제를 야기할 수 있다고 보는 것이 가장 적절하다. 따라서 정답은 (a)이다.

오답체크

(b), (d): 뜨겁거나 비가 오는 날씨는 놀이터에 미치는 안 좋은 영향으로서 언급이 된 것이지 아이들이 노는 것과는 관련이 없다.

어휘 pose a problem 문제를 야기하다 damage 손상을 가하다 put ~ in danger ~을 위험에 빠뜨리다

43. 세부 내용 정답 (b)

According to Audrey, why is it hard to go to the community pool?

(a) She cannot have parties there.
(b) She does not have enough time.
(c) She dislikes crowded places.
(d) She is unable to take her family.

해석 오드리에 따르면, 왜 공영 수영장에 가기가 힘든가?

(a) 그녀는 거기서 파티를 열 수 없다.
(b) 그녀에게는 충분한 시간이 없다.
(c) 그녀는 인파로 가득 찬 곳을 싫어한다.
(d) 그녀는 가족을 데려갈 수 없다.

해설 오드리가 해변이나 공영 수영장으로의 특별한 여행을 위한 충분한 시간을 내기가 쉽지 않다(it's not easy to find enough time to make a special trip to the beach or the community pool.)고 언급하고 있으므로, 정답은 (b)이다.

어휘 dislike 싫어하다 be unable to ~할 수 없다

44. 세부 내용 정답 (a)

What worries Audrey about having a pool?

(a) the effort required to clean it
(b) the cost of hiring a cleaner
(c) the need to regularly repair it
(d) the cost of buying chlorine

해석 ｜ 수영장을 갖는 것에 대해 무엇이 오드리를 걱정하게 만드는가?

(a) 그것을 청소하는 데 요구되는 노력
(b) 청소부를 고용하는 비용
(c) 그것을 정기적으로 수리할 필요성
(d) 클로린을 구입하는 비용

해설 ｜ 오드리가 수영장은 관리하기가 어렵다(swimming pools are hard to maintain)는 것을 단점으로 지적한 점, 수영장 청소를 주마다 해야 하는 게 걱정된다(and I worry about having to clean the pool every week)고 한 점을 통해, 수영장을 청소하는 데 들여야 하는 노력이 오드리를 부담스럽게 하고 있음을 알 수 있다. 따라서 정답은 (a)이다.

오답체크

(b): 비용 문제는 수영장을 짓는 것에 대한 것이지 청소부 고용과는 관련이 없다.
(c): 본문에서의 수영장 관리(maintenance)는 수영장을 청소하는(clean) 것의 일환으로 언급되었지 수리와는 관련이 없다.

어휘 ｜ **effort** 노력 **require** 요구하다 **cost** 비용 **hire** 고용하다 **cleaner** 청소부 **need** 필요성 **regularly** 정기적으로 **repair** 수리하다

45. 추론 (d)

What, most likely, has Audrey decided to do?

(a) build her kids a play area
(b) hire an affordable contractor
(c) host a party in her backyard
(d) start construction on a pool

해석 ｜ 오드리는 무엇을 하기로 결정했을 것 같은가?

(a) 그녀의 아이들에게 놀이 공간을 지어 준다.
(b) 적당한 가격의 시공사를 고용한다

(c) 그녀의 뒷마당에서 파티를 주최한다
(d) 수영장 공사를 시작한다

해설 ｜ 대화에서 언급된 각 선택지의 장점들 중 하나가 정답의 근거가 된다. 여름에 가족들과 친목 모임을 가지게 해줄 선택지(the one that will allow me to have some fun social gatherings with my family this summer)는 수영장에 관한 것이다. 따라서 정답은 (d)이다.

어휘 ｜ **area** 구역 **affordable** 가격이 적당한 **host** 주최하다

PART 4. | QUESTIONS 46~52 |

/ 전 / 문 / 해 / 석 /

Welcome to the Work 101 podcast! For today's episode, we will be talking about sending emails at work. If you have to write emails often, then you know how hard it can be to express tone or show emotion through text. As a result, a lot of misunderstandings can arise from a simple email exchange. 46) Fortunately, today's talk will help you avoid miscommunication when sending work emails.

《워크 101》 팟캐스트에 오신 것을 환영합니다! 오늘의 회차에서, 우리는 직장에서 메일을 보내는 것에 대해 이야기하겠습니다. 만약 여러분이 이메일을 자주 쓰셔야 한다면, 그럼 여러분은 문자를 통해 어조를 표현하거나 감정을 나타내는 것이 얼마나 어려울 수 있는지 아시겠죠. 결과적으로, 단순한 이메일 교환에서 많은 오해가 발생할 수 있습니다. 46) 다행히도, 오늘의 강연은 업무 이메일들을 보낼 때 의사소통 오류를 방지하도록 도와줄 것입니다.

The first tip is to minimize distractions. Before writing an email, make sure that you're focused only on what you want to say. Composing a message while doing other things—say, having a phone call with a client—can lead you to make poor word choices or to express yourself incompletely. 47) If I'm writing an important work email, I always make sure to close any other browser windows that might be open on my computer. That way, I'm less likely to get distracted.

첫 번째 조언은 방해요소를 최소화하라는 것입니다. 이메일을 쓰기 전에, 여러분이 말하고 싶은 것에만 집중하도록 하세요. 클라이언트와 전화 통화를 하는 등 다른 일들을 하면서 메시지를 작성하는 것은 여러분들로 하여금 잘못된 언어 선택을 하게 만들거나 여러분 자신을 불완전하게 표현하도록 이끌 수 있죠. 47) 만약 제가 중요한 업무 이메일을 쓴다면, 컴퓨터에 열려 있을 수 있는 다른 브라우저 창을 닫았는지 항상 확인합니다. 그렇게 하면, 제가 산만해지는 가능성이 줄어듭니다.

The second tip is to keep things simple. You should always aim to write emails that are short and easy to read. Some people tend to just skim over the emails they receive, so including more content than necessary may cause them to overlook important information. This isn't to say that one-sentence messages are okay. In fact, such messages can seem casual or unprofessional when read from a computer screen. 48) When writing work emails, I always follow what I think of as the "golden rule": Keep it short, but not too short.

두 번째 조언은 생각을 단순하게 유지하라는 것입니다. 여러분은 항상 짧고 읽기 쉬운 이메일을 쓰는 것을 목표로 해야 합니다. 일부 사람들은 그들이 받는 이메일을 대충 훑어보는 경향이 있어서, 필요 이상의 내용을 포함시키는 것은 그들이 중요한 정보를 못 보고 넘어가게 할 수 있죠. 한 문장짜리 메시지가 괜찮다는 게 아닙니다. 사실, 그러한 메시지들은 컴퓨터 화면에서 읽을 때 가볍거나 전문적이지 않게 보일 수 있습니다. 48) 업무 이메일을 쓸 때, 저는 항상 제가 "황금률"로 생각하는 것을 따릅니다. 바로 '짧게 하되, 너무 짧지 않게 하라'는 것이죠.

The third tip is to break your messages into parts. When writing a long email is unavoidable, make sure to write it in sections, not in one full paragraph. Long messages without breaks or "pauses" can be hard on the eyes, so sections will make the email easier to read. 49) For example, key points can be outlined in a bulleted list. This will allow the recipient to "zoom in" on the important details, since they're in list form.

세 번째 조언은 메시지를 파트별로 나누라는 것입니다. 긴 이메일을 쓰는 것이 불가피할 때, 한 단락에 가득 채우는 것이 아닌, 구성 형식을 갖추어 쓰세요. 쉼 또는 "멈춤"이 없는 긴 메시지는 눈에 부담이 될 수 있어서, 구성 형식은 이메일을 더 읽기 쉽게 할 것입니다. 49) 예를 들어, 요점들이 글머리 기호 목록으로 요약될 수 있습니다. 목록 형식으로 되어 있기 때문에, 이는 수신자들로 하여금 중요한 세부 사항들에 "집중하게" 할 것입니다.

The fourth tip is to keep your tone friendly. Emails don't have audio or visual cues, so some messages can sound rather rude or bossy. Make your emails sound friendlier by including pleasant greetings in the opening line. 50) A trick that has helped me avoid sounding rude is pretending to read the email I'm writing from the recipient's perspective. By putting myself in the recipient's place, I'm able to detect and revise something that might sound impolite.

네 번째 조언은 여러분의 어조를 우호적이게 유지하라는 것입니다. 이메일에는 청각이나 시각 단서가 없어서, 일부 메시지는 다소 무례하거나 거만하게 들릴 수 있습니다. 도입부에 기분 좋은 인사말을 넣음으로써 이메일을 더욱 우호적으로 보이게 하세요. 50) 지금까지 제가 무례하게 들리는 것을 피하도록 도와준 하나의 비결은 수신자의 관점에서 제가 쓰고 있는 이메일을 읽는 흉내를 내는 것입니다. 나 자신을 받는 수신자의 입장에 대입함으로써, 저는 무례하게 들릴 수 있는 무언가를 발견하고 수정할 수 있습니다.

The fifth tip is to avoid letting emotions get the better of you. We all receive emails sometimes that make us feel annoyed or upset. Whenever this happens, give yourself some time to calm down and come up with the proper response. 51) Personally, I always reply to upsetting messages the following day to make sure that I can type out a reasonable and professional response.

다섯 번째 조언은 감정이 여러분을 앞서지 못하게 하라는 것입니다. 우리 모두는 때때로 우리를 짜증나게 하거나 화나게 하는 이메일을 받습니다. 이럴 때마다, 흥분을 가라앉히고 적절한 반응을 생각할 시간을 스스로에게 주세요. 51) 개인적으로, 저는 이성적이고 전문적인 답변을 쓸 수 있도록 화나게 하는 메시지에는 항상 다음 날에 회신합니다.

The sixth and final tip is to check for mistakes. Allowing grammatical mistakes or misspellings to slip into your email might change the message or, worse, give the impression that it was carelessly written. 52) One thing I always triple-check is that I have written the recipient's name correctly. Misspelling another person's name will not only come off as highly unprofessional but will also make the person feel insulted.

여섯 번째이자 마지막 조언은 실수를 확인하라는 것입니다. 문법적 오류나 혹은 오타가 여러분의 이메일에 슬그머니 들어가게 두는 것은 의도를 바꾸거나, 더 나쁘게는, 그것이 부주의하게 작성되었다는 인상을 줄 수 있죠. 52) 제가 항상 삼중으로 확인하는 한 가지는 수신자의 이름을 똑바로 썼다는 것입니다. 다른 사람의 이름 철자를 잘못 쓰는 것은 매우 전문적이지 않게 보일 뿐만 아니라 상대방이 모욕을 느끼게 할 것입니다.

Follow these tips and keep up a great relationship with your workmates!
이 조언들을 따르고 동료들과 좋은 관계를 계속 유지하세요!

주요어구

express 표현하다 **tone** 어조 **emotion** 감정 **text** 글자 **misunderstanding** 오해 **arise from** ~로부터 발생하다, ~이 원인이다 **miscommunication** 의사소통 오류 **minimize** 최소화하다 **distraction** 방해요소 **be focused on** ~에 집중하다 **compose** 구성하다, 작성하다 **incompletely** 불완전하게 **be less likely to** ~할 가능성이 적다 **get distracted** 주의가 산만해지다 **aim** 겨냥하다, ~을 목표로 하다 **tend** ~하는 경향이 있다 **skim over** 대강 훑다 **receive** 받다 **include** 포함시키다 **necessary** 필수적인 **overlook** 간과하다, 못 보고 넘어가다 **casual** 격식을 차리지 않은, 가벼운 **unprofessional** 전문적이지 않은 **golden rule** 황금률(절대적인 법칙) **unavoidable** 불가피한 **section** 부분, 구획, 구성 형식 **paragraph** 문단 **pause** 일시정지, 멈춤 **key point** 요점 **outline** 요약하다, 개요를 서술하다 **bulleted** 글머리 기호(•)가 있는 **form** 형태 **friendly** 친근한, 우호적인 **audio** 청각의 **visual** 시각의 **cue** 단서 **rude** 무례한 **bossy** 거만한, 으스대는 **pleasant** 즐겁게 하는 **greeting** 인사 **opening line** 첫 발언, 도입부 **trick** 비결, 요령 **pretend** ~하는 척하다 **recipient** 수신자 **perspective** 관점 **put A in one's place** A를 ~의 입장에 두다 **detect** 감지하다 **revise** 수정하다 **impolite** 무례한, 실례가 되는 **avoid** 피하다 **get the better of** ~을 이기다, 앞서다 **annoyed** 짜증이 난 **upset** 화난 **come up with** ~를 떠올리다 **proper** 적절한 **response** 응답 **personally** 개인적으로 **reply** 답장하다 **following** 다음의 **type out** 타자 치다, 입력하다 **reasonable** 합리적인 **mistake** 실수 **allow** 허용하다 **grammatical** 문법의 **misspelling** 오타 **slip into** 슬그머니 들어가다 **impression** 인상 **carelessly** 부주의하게, 경솔하게 **come off as** ~처럼 보이다 **insult** 모욕하다 **keep up** ~을 계속하다, 따라가다 **relationship** 관계

/ 문 / 제 / 해 / 결 /

46. 주제
정답 (d)

What is the discussion all about?
(a) communicating with one's boss
(b) expressing emotion in emails
(c) handling rude colleagues
(d) writing clear work messages

해석 이 논의는 무엇에 관한 것인가?
(a) 상사와 소통하기
(b) 이메일에서 감정 표현하기
(c) 무례한 동료 직원들을 다루기
(d) 명료한 업무 메시지를 작성하기

해설 화자는 오늘의 강연이 업무 이메일을 보낼 때 의사소통 오류를 방지하도록 도와줄 것(today's talk will help you avoid miscommunication when sending work emails.)이라고 했으므로, 글의 주제는 명료한 이메일 작성법에 대한 것임을 알 수 있다. 따라서 정답은 (d)이다.

오답체크

(a): 이메일 주고받기에 있어서 상사와 같이 특정 상대를 연설에서는 지칭하고 있지 않다.
(b): 문자를 통해 감정을 나타내는 것이 어렵다는 내용이 언급되지만 글의 주제는 될 수 없다.

어휘 handle 다루다, 처리하다 rude 무례한 colleague 동료 clear 분명한, 명료한

47. 세부 내용
정답 (b)

How does the speaker stay focused when writing a work email?
(a) by turning his phone off
(b) by closing other computer applications
(c) by finishing his other tasks first
(d) by following a well-prepared outline

해석 업무용 이메일을 쓸 때 화자는 어떻게 집중을 유지합니까?
(a) 그의 전화기를 끔으로써
(b) 다른 컴퓨터 응용 프로그램을 닫음으로써
(c) 그의 다른 일을 먼저 끝냄으로써
(d) 잘 준비된 개요를 따름으로써

해설 화자가 중요 업무 이메일을 쓸 때 컴퓨터에 열려 있는 브라우저 창을 다 닫아서(I always make sure to close any other browser windows that might be open on my computer) 산만해지는 가능성을 줄인다(I'm less likely to get distracted)고 했으므로, 집중을 유지하기 위해 다른 컴퓨터 응용 프로그램을 종료한다고 보는 것이 가장 적절하다. 따라서 답은 (b)이다.

어휘 stay focused 집중을 유지하다 application 신청, 지원, 응용 프로그램 task 업무 well-prepared 잘 준비된 outline 개요, 윤곽

48. 추론
 (c)

Why, most likely, does the speaker follow a "golden rule" when writing emails?
(a) to ensure the right vocabulary is used
(b) to make recipients feel appreciated
(c) to ensure communications are effective
(d) to avoid missing important messages

해석 왜 화자는 이메일을 쓸 때 "황금률"을 따르는 것 같은가?
(a) 올바른 어휘가 사용되었음을 보장하기 위해

(b) 수신자가 감사하다고 느끼도록 하기 위해
(c) 의사소통이 효과적임을 보장하기 위해
(d) 중요 메시지를 빠뜨리는 것을 피하기 위해

해설 질문의 키워드 golden rule이 언급되는 부분에서, 화자가 짧게 하되 너무 짧지 않게 하라(Keep it short, but not too short)고 말한 것은 필요 이상의 내용을 담아서 중요 정보가 무시되거나, 너무 짧게 써서 전문적이지 않게 보이는 것을 피하기 위함이다. 이를 통해 유추할 수 있는 것은 황금률을 따르는 것이 결국 의사소통이 효율적이게 만들 수 있기 때문임을 알 수 있다. 따라서 정답은 (c)이다.

오답체크

(d): 많은 양의 내용이 담기는 것으로 인해 중요 정보가 무시될 수 있다고 했지 이메일 작성하는 과정에서 중요 메시지를 빠뜨리는 것에 대해서는 본문을 통해 알 수 없다.

어휘 ensure 보장하다 appreciate 감사하다 effective 효율적인

49. 세부 내용 (a)

According to the talk, what can one do to make sure readers do not miss important details?

(a) make lists in bullet form
(b) use a large font
(c) begin with key points
(d) send multiple messages

해석 강연에 따르면, 중요한 세부 사항을 놓치지 않도록 하기 위해 무엇을 할 수 있는가?
(a) 글머리 형태로 목록을 만든다
(b) 큰 글씨체를 쓴다
(c) 요점을 가지고 시작한다
(d) 다수의 메시지를 발송한다

해설 질문의 키워드 important details가 나오는 부분에서, 요점들이 글머리 기호 목록으로 정리되어야 (key points can be outlined in a bulleted list) 수신자들이 중요 세부 사항들에 집중할 수 있다(This will allow the recipient to "zoom in" on the important details)고 했으므로, 정답은 (a)이다.

오답체크

(c): 요점(key points)이 글머리 기호 목록으로 요약되어야 한다는 것이지 단순히 요점을 갖고 이메일을 쓰라는 것이 아니므로 답이 될 수 없다.

어휘 font 글씨체 begin 시작하다 multiple 다수의, 복수의

50. 세부 내용  (b)

How does the speaker avoid sounding rude in an email?

(a) by starting with some light humor
(b) by looking at it from another viewpoint
(c) by reading it out loud before sending
(d) by making each line sound pleasant

해석 어떻게 화자는 이메일에서 무례하게 들리는 것을 피하는가?
(a) 가벼운 유머로 시작함으로써
(b) 그것을 다른 관점에서 봄으로써
(c) 발송하기 전에 큰 소리로 읽어 봄으로써
(d) 각각의 행을 기분 좋게 들리게 함으로써

해설 질문의 키워드인 avoid sounding rude가 나오는 부분을 들어보면, 화자는 이메일을 받는 이의 관점에서 읽는 흉내를 내는 것(pretending to read the email I'm writing from the recipient's perspective), 즉 다른 시각에서 보는 것이 무례하게 들리는 것을 피하는 방법이라고 소개하고 있다. 따라서 정답은 (b)이다.

어휘 light 가벼운 viewpoint 관점, 시각 read ~ out loud ~을 큰 소리로 읽다, 크게 소리 내어 읽다 line 말, (글의) 행, 대사

51. 세부 내용   정답  (a)

What does the speaker do when an email makes him upset?

(a) He waits before replying.
(b) He tries his best to ignore it.
(c) He shares it with a coworker.
(d) He keeps his reply positive.

해석 이메일이 자신을 화나게 만들 때 화자는 무엇을 하는가?
(a) 그는 답장하기 전에 기다린다.
(b) 그는 그것을 무시하려고 최선을 다한다.
(c) 그는 그것을 동료와 공유한다.
(d) 그는 답장을 긍정적이게 유지한다.

해설 화자는 자신을 화나게 하는 이메일에는 이성적이면서 전문적인 답변을 쓸 수 있도록 항상 다음 날에 회신한다(I always reply to upsetting messages the following day)고 했다. 이는 답장 전에 먼저 기다리는 시간을 둔다는 의미이므로, 정답은 (a)이다.

어휘 ignore 무시하다 share 공유하다 coworker 동료 직원 positive 긍정적인

52. 세부 내용   정답 (c)

What does the speaker always triple-check for?

(a) any carelessly written lines
(b) any insulting words
(c) any names spelled wrong
(d) any grammar mistakes

해석 화자가 항상 삼중으로 확인하는 것은 무엇인가?
(a) 경솔하게 쓰여진 행
(b) 모욕적인 말
(c) 철자가 틀린 이름
(d) 문법적인 오류

해설 질문의 키워드인 triple-check이 언급되는 부분에서, 화자는 수신자의 이름을 똑바로 썼는지를 항상 삼중으로 확인한다(I have written the recipient's name correctly.)고 했다. 이는 다시 말해 철자가 틀린 이름을 확인한다는 뜻이므로, 정답은 (c)이다.

오답체크
(d): 사람의 이름을 틀리게 쓰는 것과 문법적인 오류는 다른 성격의 실수이다.

어휘 insulting 모욕적인 spell 철자를 쓰다

READING & VOCABULARY SECTION

| 정답과 해설 |

PART 1	53	(a)	54	(b)	55	(c)	56	(d)	57	(c)	58	(d)	59	(a)
PART 2	60	(b)	61	(d)	62	(c)	63	(b)	64	(a)	65	(c)	66	(b)
PART 3	67	(d)	68	(b)	69	(c)	70	(d)	71	(a)	72	(b)	73	(a)
PART 4	74	(c)	75	(d)	76	(c)	77	(a)	78	(b)	79	(a)	80	(d)

PART 1. | QUESTIONS 53~59 |

/ 전 / 문 / 해 / 석 /

모리스 힐레만

모리스 힐레만은 미국의 화학자였다.[53] 현대사에서 가장 다작한 과학자 중 한 명으로 알려진, 힐레만은 그 이전의 어떤 과학자들보다도 더 많은 백신을 만들었다. 힐레만의 많은 백신들은 오늘날에도 생명을 위협하는 질병을 예방하기 위해 사용되고 있다.

모리스 랄프 힐레만은 1919년 8월 30일 몬타나 주 마일즈 시티에서 태어났다. 그의 어머니는 그가 태어난 직후에 사망하였고, 힐레만은 가까운 친척들에 의해 입양되었다. [54] 그는 양부모의 농장에서 가축을 돌보면서 어린 시절을 보냈다. 이는 생물학과 질병에 대한 그의 첫째 실제적인 경험이었다. 그는 그 주제에 대한 라디오 방송들을 듣고 교과서들을 읽음으로써 과학에 대한 새로운 관심을 키웠다.

힐레만의 가족은 그를 대학에 보낼 형편이 못 되어서, 그는 몬타나 주립대학에 장학금을 신청했다. 불과 3년 만에, 그는 화학과 미생물학을 복수 전공으로 그의 반에서 수석으로 졸업했고, 그러고 나서 미생물학 박사학위를 위한 시카고 대학교 전액 장학금을 받았다.

[55] 힐레만의 동료들은 그에게 학계에서 일하라고 조언했지만, 과학자들은 사회에 기여해야 한다고 믿었던 그는 대중을 위한 백신을 개발하기를 원했다. 1944년에, 그는 제약회사에서 일하기 시작했고, 그곳에서 1년 안에 첫째 백신인 뇌염 바이러스 예방접종을 개발했다. 그의 일은 거대 제약회사인 머크앤컴퍼니 사의 관심을 끌었고, 겨우 38세의 나이에, 그는 회사의 바이러스 및 백신 연구 프로그램의 [58] 수장이 되었다.

1963년에 딸이 볼거리에 걸렸을 때, 힐레만은 즉시 그녀의 목 부위를 닦아 바이러스 샘플을 채취하여 백신을 제조했다. [56] 볼거리 백신은 수 년이 지난 뒤에 허가가 되었으며 힐레만의 단일 접종식 MMR 백신의 일부가 되었는데, 이는 세 가지의 주요하면서도 때때로 치명적인 질병인 홍역, 볼거리, 풍진에 걸리지 않도록 보호해 준다. 오늘날까지, MMR 백신은 전 세계 수백만 명의 어린이들에게 [59] 투여된다.

[57] 엄격하고 요구가 많은 관리 방식에도 불구하고, 힐레만은 연구에 대한 헌신 덕분에 동료들에 의해 우상화되었다. 짧은 시간 내에 백신을 개발하려는 그의 헌신은 자신의 팀의 지속적으로 높은 생산량이라는 결과를 낳았다.

85세의 나이로 사망하기 전에, 힐레만은 세계보건기구와 기타 전염병 그룹의 고문으로 일했다. 그는 그의 경력을 통틀어 오늘날 미국 어린이들이 받는 14개의 표준 백신 중 8개를 포함하여 40개 이상의 허가된 백신을 개발했다. 전문가들은 그의 연구가 연간 8백만 명에 달하는 생명을 계속해서 구하고 있다고 추정한다.

/ 주 / 요 / 어 / 구 /

chemist 화학자 prolific (글·작품·논문 등을) 다작하는 modern 현대의 prevent 예방하다 life-threatening 생명을 위협하는 disease 질병 adopt 입양하다; 채택하다 relative 비교상의, 상대적인; 친척 spend one's childhood -ing ~을 하며 어린 시절을 보내다 tend to A A를 돌보다, 보살피다 livestock 가축 foster parents 양부모 practical 실제적인, 실용적인 experience 경험 biology 생물학 nurture 양육하다, 키우다 newfound 새로 발견된 interest 관심, 흥미 textbook 교과서 subject 주제, 과목 afford to ~할 여유가 있다, 형편이 되다 apply for ~에 지원하다 scholarship 장학금 graduate 졸업하다 double major 복수 전공 chemistry 화학 microbiology 미생물학 full scholarship 전액 장학금 doctorate 박사학위 peer 동료 advise A to A에게 ~하라고 조언하다 academia 학계 serve (조직 등을 위해) 봉사하다, 일하다 society 사회 public 대중 pharmaceutical 약학의, 제약의 inoculation 접종 encephalitis 뇌염 catch the attention of ~의 관심을 끌다 within (특정 기간) 안에, 내에 giant 거인; 거대 기업 head 장, 우두머리 vaccination 예방접종 research 연구 daughter 딸 mumps 볼거리(유행성 이하선염) promptly 즉시, 지체 없이 swab (면봉으로) 닦아내다 throat 목 obtain 얻다 formulate 만들어 내다 license 허가하다 protect 보호하다 deadly 치명적인 measle 홍역 rubella 풍진 administer 관리하다, (약을) 투여하다 worldwide 전세계의; 전세계적으로 stern 엄격한 demanding 요구가 많은, 힘든 management 경영, 관리 idolize 우상화하다, 숭배하다 workmate 동료 dedication 헌신 commitment 공헌 within a short timeframe 짧은 기간 내에 result in ~의 결과를 낳다 consistently 지속적으로 production 생산 advisor 고문, 조언자 infectious 전염되는 throughout ~동안 내내 career 경력 standard 표준; 표준의 expert 전문가 estimate 추정하다

/ 문 / 제 / 해 / 결 /

53. 세부 내용   (a)

해석 모리스 힐레만은 무엇으로 가장 유명한가?

(a) **놀라울 정도로 많은 수의 백신을 만든 것**
(b) 어린이를 위한 모든 현대 백신을 조제한 것
(c) 생명을 위협하는 질병을 근절한 것
(d) 첫 질병 연구 프로그램을 시작한 것

해설 첫째 단락에 질문의 키워드인 most known for이 known as로 패러프레이징된 부분에서 힐레만은 현대사에서 다작하는 과학자로 유명하며(one of the most prolific scientists in modern history), 이어서 다른 과학자들보다도 더 많은 백신을 만들었다(more vaccines than any scientist before him)는 내용이 나오고 있으므로, 정답은 (a)이다.

패러프레이징

created more vaccines than any scientist
그 이전의 어떤 과학자들보다도 더 많은 백신을 만들었다
→ creating an impressive number of vaccines
놀라울 정도로 많은 수의 백신을 만든 것

어휘 impressive 인상적인 a number of 많은 formulate 조제하다 eradicate 근절하다 launch 시작하다, 착수하다

54. 추론   (b)

해석 힐레만의 과학에 대한 관심은 어떻게 시작되었을 것 같은가?

(a) 과학 교과서를 읽는 것을 통해서
(b) **가족 농장에서의 그의 일을 통해서**
(c) 인기 있는 라디오 쇼를 듣는 그의 시간을 통해서
(d) 대학에서 생물학 공부를 통해서

해설 유년기 때의 흥미에 대한 내용을 다루는 둘째 단락을 보면, 힐레만은 농장에서 가축을 돌보며 어린 시절을 보냈는데(He spent his childhood tending to livestock on his foster parents' farm), 이는 생물학과 질병에 대한 그의 첫 번째 경험이라고 했다(This was his first practical experience with biology and disease). 즉 농장에서 했던 일을 바탕으로 과학에 대한 관심이 시작되었다고 추론할 수 있으므로, 정답은 (b)이다.

오답체크

(a), (c): 교과서를 읽거나 라디오를 듣는 시점은 과학에 대한 흥미가 시작되었을 때가 아니고, 그 이후에 과학에 대한 흥미를 발전시켰던 때이다.

어휘 through ~을 통해 popular 인기 있는, 유명한

55. 세부 내용   정답 (c)

해석 힐레만은 왜 제약회사에서 일하기로 결심했을까?

(a) 그는 대중의 관심을 사로잡고 싶었기 때문에
(b) 그는 그의 동료들로부터 권유를 받았기 때문에
(c) 그는 사람들을 돕고 싶었기 때문에
(d) 그는 명성 있는 회사에서 일자리 제안을 받았기 때문에

해설 질문의 키워드 pharmaceuticals가 pharmaceutical company로 패러프레이징된 넷째 단락을 보면, 힐레만에게 과학자는 사회에 기여해야 하는 존재로 인식되고 있었기에(believing that scientists should serve society), 대중을 위한 백신을 개발하기를 원했다(he wanted to develop vaccines for the public). 이를 통해 힐레만이 제약회사에서 일하기로 결심한 이유가 사람들을 돕기 위함임을 알 수 있다. 따라서 정답은 (c)이다.

패러프레이징

develop vaccines for the public
대중을 위한 백신을 개발하다
→ help people
사람들을 돕다

오답체크

(a): 힐레만이 대중의 관심을 사로잡았다는 것은 그의 일이 거대 제약회사의 관심을 끌었다는 본문의 내용과 전혀 일치하지 않는다.
(b): 동료들은 힐레만에게 학계에서 일하라고 했지 제약회사에 들어가라고 권유하지 않았다.

어휘 capture one's attention ~의 관심을 사로잡다 be urged to ~하도록 권유 받다 prestigious 명망 있는, 일류의

56. 세부 내용   정답 (d)

해석 힐레만의 MMR 백신에 대해 무엇이 중요했는가?

(a) 그것이 이전의 백신들을 바탕으로 만들어졌다는 것
(b) 그것이 그의 큰 딸의 생명을 구했다는 것
(c) 그것이 불과 몇 달 만에 개발되었다는 것
(d) 그것이 다수의 질병에 동시에 효과가 있다는 것

해설 질문의 키워드인 MMR vaccine이 언급되고 있는 다섯째 단락에서, MMR 백신은 세 가지의 주요 질병에 걸리지 않도록 보호해 주는(protects against three major and sometimes deadly diseases: measles, mumps, and rubella) 단일 접종식 백신(single-shot MMR vaccine)이라고 언급되고 있다. 즉 MMR 백신에서 중요한 것은 그것이 다수의 질병에 동시에 효과가 있다는 것이므로, 정답은 (d)이다.

패러프레이징

protects against three diseases
세 가지의 질병에 걸리지 않게 보호해주다
→ worked against multiple illnesses

다수의 질병에 효과가 있다

어휘 previous 이전의 eldest 가장 나이가 많은 in a matter of month 단 몇 달 만에 work 효과가 있다, 작용하다 multiple 다수의

57. 일치/불일치  (c)

해석 글에 따르면, 힐레만은 직장에서 어떻게 인식되었는가?
(a) 그는 성격이 좋다고 여겨졌다.
(b) 그의 동료들은 그가 스스로에게 너무 엄격하다고 생각했다.
(c) 그는 그의 직업 윤리로 존경을 받았다.
(d) 그의 직장동료들은 그의 태도에 대해 불평했다.

해설 여섯째 단락에서 힐레만은 연구에 대한 그의 헌신 덕분에 동료들에 의해 우상화되었다(idolized by workmates for his dedication to research)고 언급되고 있다. 보기 중에서 직업 윤리가 연구에 대한 헌신에 가장 부합하므로, 정답은 (c)이다.

패러프레이징
idolized 우상화된 → respected 존경받는

어휘 good-natured 온화한 respect 존경하다 complain 불평하다 attitude 태도

58. 어휘  (d)

해석 해당 절의 문맥에서, head는 _____를 의미한다.
(a) 꼭대기
(b) 챔피언
(c) 두뇌
(d) 지도자

해설 해당 어휘가 포함된 문장(he became the head of the company's virus and vaccination research programs.)은 '그는 회사의 바이러스 및 백신 연구 프로그램의 수장이 되었다.'라는 뜻이다. head에 '꼭대기', '두뇌' 등의 여러 뜻이 있기는 하지만, 주어진 문맥에서는 어떠한 부서 또는 조직의 '장, 우두머리'의 뜻으로 사용되고 있으므로, 정답은 '지도자'라는 가장 비슷한 의미를 나타내는 (d)이다.

59. 어휘  (a)

해석 해당 절의 문맥에서, administered는 _____를 의미한다.
(a) 주어진
(b) 보내진
(c) 다루어진
(d) 이끌린

해설 해당 어휘가 포함된 문장(To this day, the MMR vaccine is administered to millions of children worldwide)은 '오늘날까지, MMR 백신은 전세계의 수백만명의 어린이들에게 투여되었다.'라는 뜻이다. 여기서 administer는 '(약 등을) 투여하다'의 의미로 사용되었으며, 어린이들에게 백신이 투여되었다는 것은 그들에게 백신이 '주어졌다는' 것을 의미하므로, 정답은 (a)이다.

PART 2. | QUESTIONS 60~66 |

/ 전 / 문 / 해 / 석 /

과학자들이 플라스틱 폐기물을 바닐라 향료로 바꾸다

60) 에든버러 대학교의 연구원들은 변형된 박테리아의 도움으로 버려진 페트병을 바닐라 향료로 바꾸는 데 성공했는데, 플라스틱 폐기물로부터 가치 있는 화학물질을 만들어 내기 위해 생물학적 시스템이 사용된 것은 처음이다. 이 연구는 플라스틱 폐기물을 줄이는 데 도움이 될 수 있는데, 왜냐하면 현재의 재활용 공정이 여전히 플라스틱 오염을 야기하는 다른 낮은 품질의 제품들로만 이어지기 때문이다.

바닐라 향은 18세기 말 이래로 미국과 유럽에서 인기 있는 디저트용 식재료였다. 오늘날, 그것은 유제품, 사탕류, 음료, 심지어 화장품과 같이 먹을 수 없는 상품들에도 사용되기 때문에 세계적으로 훨씬 더 많은 수요가 있다.

바닐라 추출액은 바닐라 콩에서 발견되는 비가공 유기 화합물인 바닐린으로부터 독특한 맛과 향을 얻는다. 일반적으로, 바닐린은 엄청난 양의 노동력과 자원을 요구하는 엄격한 공정을 통해 바닐라속으로부터 추출된다. 61) 결과적으로, 순수 바닐라 추출액의 작은 한 병이 꽤 비쌀 수 있다. 생산자들은 그러므로 계피, 소나무 껍질, 그밖의 다른 65) 대용품과 같은 원천들을 사용하여 더 낮은 비용으로 더 많은 양의 바닐린을 생산할 수 있는 공정으로 전환했다. 오늘날 시중의 바닐라 추출액의 85퍼센트 이상이 인공 바닐린으로 만들어졌다.

62) 이전의 연구들은 페트병이 바닐린과 거의 동일한 화학적 구조를 가진 테레프탈산 혹은 TA라고 불리는 화합물로 분해될 수 있다는 것을 밝혀냈다. 이 발견을 이용하여, 에든버러 대학의 연구원들은 TA가 일반적인 박테리아인 '대장균'을 사용하여 바닐린으로 바뀔 수 있는지 시험해 보기로 결정했다.

63) 변형된 '대장균'을 TA 표본과 혼합한 후, 그 혼합물은 화씨 98.6도의 일정한 온도로 하루 동안 유지되었다. 그 박테리아는 그 혼합물을 79퍼센트의 바닐린으로 변형시켰는데, 이는 겉보기에 쓸모없어 보이는 플라스틱 폐기물이 결국 어느 정도의 가치를 가질 수 있다는 것을 입증했다.

연구원들은 더 강력한 박테리아를 사용함으로써 바닐린의 생성 비율을 높일 수 있을 것으로 기대하고 있다. 또한, 그들은 현재 더 많은 양의 플라스틱을 처리하기 위해 공정을 66) 확장하는 것을 고려하고 있다. 64) 추가 연구가 수행됨에 따라, 향수에 사용되는 것과 같은 다른 가치 있는 화학 물질들도 TA로부터 생성될 수 있다.

/ 주 / 요 / 어 / 구 /

successfully 성공적으로 **turn A into B** A를 B로 바꾸다 **discard** 버리다 **bottle** 병 **flavoring** 향료 **with the help of** ~의 도움을 받아 **modify** 수정하다, 변형하다 **decrease** 감소시키다 **current** 현재의 **result in** ~의 결과를 낳다 **pollution** 오염 **popular** 인기 있는 **ingredient** 재료 **be in great demand** 수요가 많이 있다 **due to** ~때문에 **dairy** 낙농업의, 유제품의 **confection** 당과, 사탕, 과자 **beverage** 음료 **non-edible** 먹을 수 없는 **commodity** 상품, 일용품 **cosmetic** 화장품 **extract** 추출액 **distinct** 구별되는 **flavor** 맛 **raw** 날것의, 가공되지 않은 **organic** 유기의 **substance** 물질 **vanilla orchid** 바닐라속(바닐라 맛의 유래가 되는 난초과) **rigorous** 철저한 **process** 과정, 공정 **massive** 거대한, 엄청난 **amount** 양, 수량 **resource** 자원 **thus** 그러므로 **switch** 전환하다 **pine bark** 소나무 껍질 **substitute** 대체재 **artificial** 인공의 **previous** 이전의 **study** 연구 **reveal** 드러내다 **break down A into B** A를 B로 분해하다 **compound** 화합물 **terephthalic acid(TA)** 테레프탈산 **nearly** 거의 **chemical** 화학의 **composition** 구성 **discovery** 발견 **researcher** 연구원 **E.coli** 대장균(= Escherichia coli) **concoction** 혼합물 **constant** 일정한, 끊임없는 **temperature** 온도 **Fahrenheit** 화씨의 **transform** 변형시키다 **mixture** 혼합물 **prove** 입증하다 **seemingly** 겉보기에는, 외관상으로 **useless** 쓸모없는 **after all** 결국, 사실상 **hopeful** 희망하는 **look into** ~을 면밀히 조사하다 **scale up** 확대하다, 확장하다 **deal with** 다루다, 처리하다 **further** 더 나아가, 추가의 **carry out** 수행하다 **generate** 생성하다

/ 문 / 제 / 해 / 결 /

60. 주제/목적　　　　　　　　　정답 (b)

해석 기사에서 주로 논의되고 있는 것은 무엇인가?

(a) 바닐라의 수요가 많은 이유
(b) 가치 있는 상품을 개발하는 새로운 방법
(c) 바닐라 생산이 낭비인 이유
(d) 인공 향료를 사용하는 새로운 방법

해설 글의 주제는 일반적으로 첫째 단락에서 단서를 구할 수 있다. 해당 단락에서 페트병을 바닐라 향료로 바꾸는 데 성공했고, 가치가 있는 화학물질을 만들기 위해 그러한 시스템이 사용된 것은 이번이 처음이라는(the first time a biological system has been used to produce a valuable chemical from plastic waste) 내용이 언급된다. 가치 있는 상품을 개발하는 데 새로운 방법이 사용되었다는 것이 본문 내용의 핵심이므로, 정답은 (b)이다.

패러프레이징

first 처음의
→ new 새로운

produce a valuable chemical
가치 있는 화학물질을 만들어 내다
→ develop a valuable product
　가치 있는 제품을 개발하다

어휘 develop 개발하다 produce 생산하다, 만들어 내다
wasteful 낭비하는

61. 추론　　　　　　　　　정답 (d)

해석 왜 많은 바닐라 추출액이 인공적으로 생산되는 것 같은가?

(a) 그것들은 천연 바닐라보다 더 풍부한 맛을 가지고 있다.
(b) 그것들은 천연 바닐라보다 더 수요가 많다.
(c) 그것들은 천연 바닐라보다 더 강한 향을 가지고 있다.
(d) 그것들은 천연 바닐라보다 대량 생산하기가 더 수월하다.

해설 질문의 키워드 vanilla extracts가 나오는 셋째 단락을 보면, 순수 바닐라 추출액 생산은 가격이 비싸서 대체 원료로 바닐린을 저비용 대량 생산하는 쪽으로 방향을 돌렸다(Manufacturers have thus switched to processes ~ other substitutes)고 했다. 오늘날 시중의 바닐라 추출액 대다수가 인공 바닐린으로 만들어졌다(Over 85 percent of vanilla extract on the market today is made with artificial vanillin.)고 하니, 이를 통해 많은 바닐라 추출액이 인공적으로 생산되는 이유는 천연의 것보다 대량 생산이 더 수월하다고 추론해 볼 수 있다. 따라서 정답은 (d)이다.

패러프레이징

can produce larger amounts of vanillin at a lower cost
더 낮은 가격에 더 많은 양의 바닐린을 생산할 수 있다
→ are easier to mass produce
　대량 생산하기 더 쉽다

오답체크

(b): 시장의 85퍼센트가 인공 추출액인 이유는 생산의 용이성 때문이지 수요와는 관련이 없다.

어휘 rich 풍부한 taste 맛 aroma 향 mass 대량의

62. 추론   정답 (c)

해석 플라스틱이 연구에 사용된 이유는 무엇인 것 같은가?

(a) 그것은 대량으로 쉽게 분해되기 때문에
(b) 그것은 많은 양의 박테리아를 포함하고 있기 때문에
(c) 그것은 바닐린과 유사한 화합물을 생산하기 때문에
(d) 그것은 박테리아에 잘 반응하는 것으로 알려져 있기 때문에

해설 페트병에 대한 연구를 다루고 있는 넷째 단락을 보면, 플라스틱이 바닐린과 거의 동일한 화학적 구조를 가진 TA라는 화합물로 분해될 수 있다(plastic bottles can be broken down into a compound called terephthalic acid or TA, which has nearly the same chemical composition as vanillin)는 내용이 나온다. 따라서 플라스틱으로부터 바닐린과 유사한 화합물을 생산하기 때문이라고 추론하는 것이 플라스틱을 연구에 사용한 이유로 가장 적절하다. 따라서 정답은 (c)이다.

패러프레이징

nearly the same chemical composition
거의 동일한 화학적 구조
→ a similar compound 유사한 화합물

어휘 quantity 양, 수량 contain 함유하다 be known for ~로 알려지다 responsive 반응하는

63. 세부 내용   정답 (b)

해석 연구원들은 어떻게 플라스틱 화합물을 바닐린으로 전환시켰는가?

(a) 그것을 끓는 물에 녹임으로써
(b) 그것을 미생물과 결합시킴으로써
(c) 그것을 바닐라 추출액과 혼합함으로써
(d) 그것을 다양한 온도에서 보관함으로써

해설 질문의 키워드 convert가 transformed로 패러프레이징된 다섯째 단락에서, 변형된 형태의 대장균을 TA 샘플과 혼합해서(After mixing a modified version of E. coli with a TA sample) 일정 온도에 두었더니 박테리아가 그 혼합물을 79퍼센트만큼의 바닐린으로 변형시켰다(The bacteria transformed the mixture into 79 percent vanillin)는 내용이 나온다. 즉 플라스틱 화합물을 바닐린으로 전환시키는 방법은 그 화합물을 미생물과 결합시키는 것이므로, 정답은 (b)이다.

패러프레이징

transformed the mixture 그 혼합물을 변형시켰다
→ convert the plastic compound
플라스틱 화합물을 전환시키다

오답체크

(c): 플라스틱 화합물을 바닐린으로 전환시키는 연구에서 바닐라 추출액을 섞는다는 내용은 찾을 수 없다. 앞서 본문에서 언급되었듯이 추출액은 바닐린으로부터 나오는 결과물이라고만 소개되고 있다.

어휘 convert 전환하다 combine 결합하다 microorganism 미생물 store 저장하다 various 다양한 temperature 온도

64. 세부 내용   정답 (a)

해석 기사에 따르면, 만약 연구가 더 진전된다면 어떻게 유용할 수 있을까?

(a) 다른 사치품들이 재활용 소재로부터 만들어질 수 있다.
(b) 더욱 강력한 박테리아 형태가 나올 수 있다.
(c) 박테리아가 가치 있는 화학 물질로 변환될 수 있다.
(d) 플라스틱 폐기물이 다른 향료들로 바뀔 수 있다.

해설 질문의 키워드 developed further가 further

studies are carried out로 패러프레이징되어 있는 마지막 단락을 보면, 추가 연구가 수행됨에 따라 향수에 사용되는 것과 같은 가치 있는 화학 물질들이 생성될 수 있다(other valuable chemicals, such as those used in perfumes, could also be generated from TA.)고 했다. 재활용 물질을 가지고 향수와 같은 다른 사치품들을 만들어 내는 방향으로 연구가 유용해질 수 있다는 내용이므로, 정답은 (a)이다.

오답체크

(d): 바닐라 향료 외에 다른 향료는 본문에 언급되어 있지 않다.

어휘 be made from ~로 만들어지다

65. 어휘 (c)

해석 해당 절의 문맥에서, substitutes는 _____를 의미한다.

(a) 첨가
(b) 변화
(c) 대안
(d) 요원

해설 해당 어휘가 포함된 문장(using sources like cinnamon, pine bark, and other substitutes)은 '계피, 소나무 껍질, 그밖의 다른 대용품과 같은 원천들을 사용하는 것'이라는 뜻이다. 즉, substitutes가 '대용품'의 뜻으로 쓰였으므로, '대안'이라는 가장 유사한 의미의 (c)가 정답이다.

66. 어휘  (b)

해석 해당 절의 문맥에서, scaling up은 _____를 의미한다.

(a) 반복하는 것
(b) 확장하는 것
(c) 치우는 것
(d) 무게를 재는 것

해설 해당 어휘가 포함된 문장(they are currently looking into scaling up the process to deal with larger amounts of plastic)은 '그들은 현재 더 많은 양의 플라스틱을 처리하기 위해 공정을 확장하는 것을 고려하고 있다'라는 뜻이다. 즉, scaling up이 '확장하다'의 뜻으로 쓰였으므로, 정답은 (b)이다.

PART 3. | QUESTIONS 67~73 |

/ 전 / 문 / 해 / 석 /

원숭이 뷔페 축제

롭부리 원숭이 축제라고도 불리는 원숭이 뷔페 축제는 태국 롭부리에서 열리는 연간 기념 행사이다. 67) 11월의 마지막 일요일에 주민들은 그 동물들이 도시에 가져다주는 번영에 대한 감사의 표시로 지역 원숭이들에게 높이 쌓은 음식을 제공한다.

태국에서 가장 오래된 도시 중 하나인 롭부리는 인간 거주자들과 72) 조화 속에 공존하는 수천 마리의 원숭이들의 서식지로 "원숭이 도시"라는 이름을 얻었다. 68) 그들은 도시 주변을 자유롭게 거닐며 건물들의 외벽을 기어오르고 꼭대기에서 뛰어내린다. 그들은 종종 사람들의 머리를 잡아당기거나 순진한 관광객들의 물건을 훔치는 등의 짓궂은 행동을 한다. 이럼에도 불구하고, 원숭이들은 방치되고 있으며 지역 주민들에 의해 정중하게 취급받는다.

역사학자들은 원숭이에 대한 주민들의 깊은 존경을 고대 산스크리트 이야기에서 찾는다. 민간 전승에 따르면, 원숭이가 왕자의 예비 신부를 악마로부터 구한 적이 있다고 한다. 롭부리 지역 주민들은 이 영웅적인 원숭이가 그들의 영장류인 이웃 친구들의 조상일 뿐만 아니라, 그들의 도시의 시조라고 믿는다.

69) 원숭이 뷔페 축제 그 자체는 1989년에 시작되었으며, 이때 한 현지 호텔 경영자가 원숭이들에게 음식을 주기 시작했던 것이 마치 자신의 업장으로 관광객들을 끌어들이는 것처럼 보였다. 바로 2007년에 이러한 관행이 태국 관광청에 의해 공식적으로 축제로 발전되었다.

이 축제는 산 프라 칸 사원에서 시작되며, 70) 그곳에서 공연자들은 원숭이 의상을 입고 춤을 추는 동안 원숭이 같은 소리를 낸다. 익숙한 소리를 들은, 도시 곳곳에 흩어져 있는 원숭이들이 사원으로 모이게 된다. 그러고 나서 주최자들은 그들의 73) 존중받는 손님들이 마음껏 먹을 수 있는 피라미드처럼 쌓아 올린 과일, 야채, 디저트를 드러내기 위해 덮개를 걷어 올려 연회 식탁을 보여준다.

매년, 그 축제는 2,000마리 이상의 현지 원숭이들에게 음식을 공급하며, 많은 국내외 관광객들이 그 독특한 장관을 보기 위해 몰려든다. 71) 축제를 넘어, 원숭이들은 여전히 롭부리의 가장 큰 명물들 중 일부이며, 도시의 관광 산업을 크게 북돋운다.

/ 주 / 요 / 어 / 구 /

annual 연간의 celebration 기념 행사 hold (행사 등을) 열다, 개최하다 resident 주민 offer 제공하다 towering piles of 높이(층층이) 쌓은 as tokens of ~의 표시로 appreciation 감사 prosperity 번영 gain 얻다 be home to ~의 본고장(발상지, 서식지)이다 coexist 공존하다 harmony 조화 inhabitant 거주민, 서식 동물 roam 돌아다니다 scale (가파른 곳을) 오르다 jump off ~에서 뛰어내리다 mischievous 짓궂은 pull 잡아당기다 unsuspecting 의심하지 않는, 순진한 despite ~에도 불구하고 treat 다루다 respectfully 정중하게, 공손히 trace A to B B를 추적하여 A를 찾아내다 high regard 깊은 존경 ancient 고대의 tale 이야기 folklore 민속, 민간 전승, 옛이야기 bride-to-be 예비 신부 local (특정 지역에 사는) 주민, 현지인 heroic 영웅적인 ancestor 조상 primate 영장류

neighbor 이웃 founder 설립자, 창시자, 시조 originate 기원하다, 비롯되다 attract 끌어들이다 establishment 시설, 업장, 점포 practice 관행 formally 공식적으로 monkey-like 원숭이 같은 noise 소음 familiar 익숙한, 친근한 scatter 흩어지다 gather 모이다 lift A off B A를 걷어 올려 B를 보이게 하다 covering 덮개 banquet 연회 reveal 드러내다 pyramids of 피라미드처럼 쌓아 올린 esteemed 존중받는, 존경받는 feast upon (음식을) 마음껏 먹다, 즐기다 cater to 음식을 제공하다, 필요에 부응하다 domestic 국내의 draw 끌다, (손님을) 유치하다, 모으다 witness 보다, 목격하다 unique 독특한 spectacle 장관, 경관 beyond ~를 넘어서 attraction 명물, 명소 bolster 북돋우다, 강화하다 industry 산업

/ 문 / 제 / 해 / 결 /

67. 주제/목적   (d)

해석 기사는 주로 무엇에 관한 것인가?

(a) 태국 원숭이들의 역사
(b) 원숭이들만 단독으로 사는 도시
(c) 원숭이들의 선호되는 서식지
(d) 원숭이들에게 경의를 표하는 행사

해설 첫째 단락에서 원숭이 뷔페 축제에 대해 설명하면서, 이 행사에서 마을 주민들은 원숭이들이 도시에 가져다주는 번영에 대한 감사의 표시로(as tokens of appreciation for the prosperity the animals bring to the city) 그들에게 음식을 제공한다고 했다. 글 전반적으로 이러한 배경에 대해 다루어지고 있으므로, 원숭이들에게 경의를 표하는 행사에 대한 글임을 알 수 있다. 따라서 정답은 (d)이다.

어휘 solely 오로지, 단지 populate 살다, 거주하다 prefer 선호하다 habitat 주거지 pay homage to ~에 경의를 표하다

68. 세부 내용   정답 (b)

해석 왜 롭부리 현지인들은 원숭이들이 도시를 자유롭게 돌아다니도록 놔두는가?

(a) 왜냐하면 그들은 원숭이들을 잡는 것을 두려워하기 때문이다.
(b) 왜냐하면 그들은 원숭이들이 그들의 존경을 받을 가치가 있다고 믿기 때문이다.
(c) 왜냐하면 그들은 다른 동물들보다 원숭이들을 더 좋아하기 때문이다.
(d) 왜냐하면 그들은 원숭이들이 도시를 통제한다고 믿기 때문이다.

해설 둘째 단락에서 원숭이들이 이리저리 돌아다니며 사람들에게 장난을 치는데도 그들은 방치되며 지역 주민들에 의해 정중하게 취급받는다(treated respectfully by the locals)고 했다. 이를 통해 현지인들은 원숭이들이 존경받을 가치가 있다고 믿기에 원숭이들을 자유롭게 돌아다니도록 놔둔다고 보는 것이 가장 적절하므로, 정답은 (b)이다.

오답체크

(d): 셋째 단락에서 현지 주민들이 영웅 원숭이는 롭부리의 시조라고 믿는다고는 했어도 그 도시를 통제한다고 믿는다는 내용은 언급되고 있지 않다.

어휘 move about(=around) 돌아다니다 afraid 두려운 be worthy of ~을 받을 만하다 control 통제하다

69. 세부 내용   정답 (c)

해석 원숭이 뷔페 축제는 어떻게 시작되었는가?

(a) 한 식당 주인이 남은 음식을 원숭이들에게 주기 시작했다.
(b) 도시의 관광 부서가 그 행사를 제안했다.
(c) 호텔 주인이 지역 원숭이들에게 간식을 제공했다.
(d) 관광객들이 그 행사를 도시계획 입안자들에게 제안했다.

해설 질문의 키워드 originate가 언급된 넷째 단락에서, 현지의 호텔리어가 원숭이들에게 음식을 주기 시작(a local hotelier started serving food to monkeys)했던 것이 2007년에 들어서 공식적인 축제로 발전되었다(this practice was formally developed into a festival)고 했으므로 (c)가 정답이다.

패러프레이징

serving food to monkeys
원숭이에게 음식을 주는 것
→ provided treats for the local monkeys
지역 원숭이들에게 간식을 제공했다

오답체크

(a): '식당 주인(a restaurant owner)'과 '남은 음식(leftovers)'은 본문에 언급되고 있지 않다.

어휘 leftover 남은 음식 tourism department 관광청 propose 제안하다 provide 제공하다 treat 간식 suggest 제안하다 city planner 도시계획 입안자

70. 추론   정답 (d)

해석 왜 지역 공연자들이 원숭이 소리를 흉내내는 것 같은가?

(a) 행사에 흥을 돋우기 위해
(b) 원숭이들의 존재에 감사를 표하기 위해
(c) 행사의 시작 신호를 보내기 위해
(d) 음식을 목적으로 원숭이들을 사원으로 끌어들이기 위해

해설 질문의 키워드 performers가 언급되고 있는 다섯째 단락에서, 공연자들이 원숭이 같은 소리를 내서 곳곳에 흩어져 있던 원숭이들을 사원에 모이게 하고, 행사 주최자들이 원숭이들이 먹을 수 있는 연회 식탁을 보여준다(The hosts then lift the coverings off the banquet table ~ to feast upon)고 했다. 결국 이들에게 음식을 대접하기 위해 원숭이 소리를 흉

내내는 거라고 추론하는 것이 가장 적절하므로, 정답은 (d)이다.

패러프레이징

imitate the sound of monkeys
원숭이 소리를 흉내내다
→ make monkey-like noises
　원숭이 같은 소리를 내다

오답체크

(c): 원숭이 소리를 따라하는 것은 그들에게 음식을 제공하기 위해 그들을 불러들이는 신호이지 행사가 시작되었음을 알리는 신호가 아니다

어휘　imitate 흉내내다, 모방하다　add excitement to ~에 흥을 돋우다　presence 존재　signal 신호를 보내다　attract 끌어들이다

71. 추론　　　　　　　　　정답 (a)

해석　기사에 따르면, 이 축제는 롭부리에 어떻게 영향을 미쳐온 것 같은가?
(a) 그것은 더 많은 관광객들을 그 도시로 오게 했다.
(b) 그것은 원숭이들을 관광객들에게 더 친근하게 만들었다.
(c) 그것은 더 많은 명소들을 만들어냈다.
(d) 그것은 반려동물로 기르는 원숭이의 수를 증가시켰다.

해설　마지막 단락에서 2천 마리가 넘는 원숭이들이 축제 음식을 먹는 광경을 관광객들이 보러 온다(many domestic and international tourists are drawn to witness the unique spectacle)는 점, 원숭이들이 커다란 관광 명물로 도시의 관광 산업을 크게 북돋운다(greatly bolstering the city's tourism industry)는 점을 고려하면 해당 축제는 롭부리에 더 많은 관광객들을 오게 했다고 추론하는 것이 가장 적

절하다. 따라서 정답은 (a)이다.

패러프레이징

tourists are drawn to witness the unique spectacle
그 독특한 장관을 보기 위해 관광객들이 몰려든다
→ brought more tourists to the city
　더 많은 관광객들을 그 도시로 오게 하다

오답체크

(c): 축제가 관광 원숭이를 통해 롭부리의 관광 산업을 부흥시킨 것은 사실이나 명소를 더 만들었다는 내용은 없다.

어휘　affect 영향을 미치다　friendly 친근한　lead to ~에 이르다, ~를 야기하다

72. 어휘　　　　　　　　　

해석　해당 절의 문맥에서, harmony는 _____를 의미한다.
(a) 명령
(b) 평화
(c) 동의
(d) 통제

해설　해당 어휘가 포함된 문장(coexist in harmony with its human inhabitants)은 '인간 거주자들과 조화롭게 공존하다'라는 뜻이다. 여기서 harmony가 '조화'의 뜻으로 쓰였는데, 이는 인간 거주자들과의 조화를 의미하므로, 문맥상 '평화'에 가깝다. 따라서 정답은 (b)이다.

오답체크

(c): agreement는 '합의'라는 뜻으로 어떠한 결과를 도출하기 위해 서로의 의견을 일치시킨다는 뉘앙스로 사용되는 것이 일반적이다.

73. 어휘

정답 (a)

해석 해당 절의 문맥에서, esteemed는 _____를 의미한다.

(a) 존경받는
(b) 초대된
(c) 유명한
(d) 신나는

해설 해당 어휘가 포함된 문장(The hosts then lift the coverings off the banquet table to reveal pyramids of fruits, vegetables, and desserts for their esteemed guests to feast upon.)은 '그리고 나서 호스트들은 그들의 존경받는 손님들이 포식할 수 있는 과일, 야채, 디저트의 피라미드를 보여주기 위해 연회 테이블의 덮개를 들어올린다.'라는 뜻이다. 즉, esteemed가 '존경받는'의 뜻으로 쓰였으므로, 정답은 (a)이다.

PART 4. | QUESTIONS 74~80 |

/ 전 / 문 / 해 / 석 /

받는 사람: 대니 웨스턴
보낸 사람: 린다 코너
제목: 포트홀 문제

웨스턴 시장님께

74) 제가 사는 지역의 거리 상황을 알리고 시장님의 즉각적인 조치를 요청하기 위해 이 편지를 씁니다.

75) 일주일 전에, 저는 애스턴 가에서 일어난 사건을 알리기 위해 지역 도로건설과에 전화했어요. 트럭 한 대가 5인치 깊이의 포트홀을 그 운전자가 피하려고 했기 때문에 인도 쪽으로 방향을 휙 틀었었고, 한 주거지의 널찍한 담장을 쓰러뜨렸죠.

저는 한 공무원이 며칠 내로 제 전화에 답해주겠다고 들었지만, 도로건설과에게서는 아직 소식이 없습니다. 76) 보통의 상황에서는, 저는 그냥 다시 전화를 걸었겠죠. 그러나, 저의 우려를 더욱 커지게 한 어떤 일이 어제 발생하였고, 시장님의 주의를 끌기를 바라며 공식적인 편지를 쓰게 되었습니다.

어제 오후에 저의 아이들을 학교에서 집으로 태워 주던 중에, 제 자동차의 앞 타이어가 그 포트홀의 가장자리를 긁었습니다. 저는 멀쩡했던 반면에, 77) 첫째 아이가 자동차 유리창에 머리를 박아서 관자놀이에 약간의 타박상을 입었죠. 이제는, 아이들의 안전을 생각하니, 다시 같은 도로로 나가기가 망설여지네요.

78) 제가 이번 주의 악천후, 그리고 폭설이 상태가 안 좋은 도로가 어떻게 더 나빠질 수 있는지를 언급하지 않는 것은 태만한 처사일 것입니다. 현재로서는, 그 포트홀이 얼음으로 둘러져 있습니다. 게다가, 그 도로는 너무 오래되어서 곧 더 많은 포트홀들이 생겨날 것이고, 그 길을 훨씬 더 위험하게 만들 거라는 79) 의심이 듭니다.

시장님이 가능한 한 빨리 이 문제를 80) 다루어 주시기를 진심으로 바랍니다. 저는, 다른 브래드포드 주민들과 함께, 시장님의 즉각적인 답변을 기대하겠습니다.

감사합니다,

린다 코너
주민

/ 주 / 요 / 어 / 구 /

pothole 포트홀, 도로 바닥이 파여 만들어진 구멍   inform A

about(of) A에게 ~에 대해 알리다 condition 상태, 조건 area 구역 request 요청; 요청하다 immediate 즉각적인 action 행동, 조치 incident 사고 veer 방향을 휙 돌리다 sidewalk 인도 avoid 피하다 knock down 쓰러뜨리다 residential property 주거지 though ~에도 불구하고, ~이지만 officer 공무원 circumstance 환경 simply 단순히 escalate 확대하다, 증대하다 concern 걱정, 우려 prompt ~하게 하다, 유도하다 formal 공식적인 in the hope of ~를 바라며 attention 관심 clip ~를 긁다, 스치다 unscathed 다치지 않은, 멀쩡한 sustain 지속시키다, (상처를) 입다 slight 약간의, 조금의 bruise 멍, 타박상 temple 관자놀이 safety 안전 be hesitant to ~하기를 주저하다, 망설이다 remiss 태만한 mention 언급하다 inclement (특히 날씨가) 궂은, 좋지 못한 as of now 이제는, 현재로서는 be ringed with ~로 둘러지다 additionally 게다가 suspect 의심하다, 추측하다 form 형성되다, 생겨나다 route 길, 도로, 경로 dangerous 위험한 truly 정말로 see to ~을 다루다, 처리하다 along with ~와 함께 look forward to ~을 기대하다 response 반응

/ 문 / 제 / 해 / 결 /

74. 주제/목적    (c)

해석 왜 린다 코너는 대니 웨스턴 시장에게 편지를 썼는가?
(a) 도로 안전 프로그램에 대해 문의하기 위해서
(b) 이웃을 대신하여 도움을 요청하기 위해서
(c) 그의 관심을 끌기 위해서
(d) 반응이 없는 시 공무원에 대해 불평하기 위해서

해설 첫째 단락에서 지역의 거리 상태에 대해 알리고(inform you about the condition of a street in my area) 시장의 즉각적인 행동을 요청한다(request your immediate action)는 부분을 통해 시장의 관심을 끌기 위해 편지를 썼음을 알 수 있다. 따라서 정답은 (c)이다.

어휘 inquire about ~에 대해 문의하다 ask for 요청하다 on behalf of ~를 대신하여 bring ~ to one's attention ~의 관심(주목)을 끌다 complain about ~에 대해 불평하다 unresponsive (질문 또는 요청에 대해) 반응이 없는, 무반응의

75. 세부 내용   (d)

해석 무엇이 지난 주에 사고를 일으켰는가?
(a) 난폭 운전을 하는 트럭 운전사
(b) 거리로 통하는 좁은 입구
(c) 잘 정비되지 않은 가드레일
(d) 도로의 중대한 장애물

해설 질문의 키워드 last week이 a week ago로 패러프레이징되어 있는 둘째 단락을 보면 트럭이 애스턴 가에 생긴 5인치 깊이의 포트홀을 피하려다가 담장에 들이받았다는(the driver tried to avoid a five-inch-deep pothole, knocking down a length of fence on a residential property) 내용이 있다. 즉 사고를 일으킨 것은 도로 위 장애물이므로, 정답은 (d)이다.

패러프레이징

incident 사건 → accident 사고
last week 지난 주 → a week ago 일주일 전에

오답체크

(a): 본문에 따르면 운전자는 포트홀을 피하려고 했을 뿐 난폭하게 운전을 하다가 사고를 낸 것은 아니다.

어휘 trucker 트럭 운전사 recklessly 무모하게, 난폭하게 entryway 입구(의 통로) maintain 유지하다 serious 심각한, 중대한 obstacle 장애물

76. 세부 내용 정답 (c)

해석 왜 코너는 시장실로 직접 이메일을 발송하였는가?

(a) 그녀가 누구에게 연락해야 할지 모르기 때문에
(b) 그들이 이전에 서신을 주고받았기 때문에
(c) 문제가 더 시급해졌기 때문에
(d) 그들은 서로 개인적으로 알기 때문에

해설 셋째 단락에서 코너는 전화를 걸려고 했다가, 자신의 우려를 더 커지게 한 어떤 일이 어제 발생하여 (something happened yesterday that escalated my concerns) 시장에게 편지를 썼다고 했다. 우려를 커지게 했다는 것은 문제가 더 시급해졌음을 의미하므로, 정답은 (c)이다.

패러프레이징

send the email 이메일을 보내다
→ write a formal letter 공적 서신을 쓰다
escalated my concerns 우려를 커지게 했다
→ the matter has become more urgent 사안이 더 시급해졌다

어휘 directly 직접적으로 contact 연락하다 correspond 서신을 주고받다 matter 문제, 사안 personally 개인적으로

77. 세부 내용 정답 (a)

해석 무엇이 발생하였기에 코너가 그 길을 이용하는 것을 망설이게 했는가?

(a) 그녀의 딸이 머리에 부상을 입었다.
(b) 그녀의 차는 약간의 경미한 손상을 입었다.
(c) 그녀의 아이들이 학교에 늦게 도착했다.
(d) 그녀의 아이가 방향을 바꾸는 차에 거의 치일 뻔했다.

해설 질문의 키워드 hesitant가 언급되고 있는 넷째 단락에서 자동차 앞 타이어가 포트홀 가장자리를 긁으면서 코너의 아이가 유리창에 머리를 박았다고(my eldest child hit her head on the car window, sustaining a slight bruise on her temple) 했다. 즉 그녀의 딸이 머리에 부상을 입은 일이 발생함으로 인해 포트홀이 있던 그 길을 이용하기가 망설여진다고 말한 것이므로 (a)가 정답이다.

패러프레이징

hit her head on the car window
자동차 유리창에 머리를 들이받았다
→ received a head injury 머리 부상을 입었다

오답체크

(b): 살짝 다친 것은 그녀의 자동차가 아니라 그녀의 큰딸이다.
(d): 큰딸이 방향을 바꾸는 차와 부딪힌 것이 아니라, 타고 있던 차 내부의 유리창에 머리를 부딪힌 것이다.

어휘 injury 부상 minor 경미한 swerve 방향을 바꾸다

78. 추론 정답 (b)

해석 이번 주의 날씨가 문제를 어떻게 악화시킬 것 같은가?

(a) 도로 건설을 더 어렵게 함으로써
(b) 자동차가 구멍을 피하기 더 어렵게 만듦으로써
(c) 도로 위 교통을 더 혼잡하게 함으로써
(d) 인도를 더 보기 어렵게 함으로써

해설 질문의 키워드인 this week's weather가 언급되고 있는 다섯째 단락에서, 코너는 이번 주의 폭설이 도로 상황을 더 악화시킬 거라고(can make poor roads worse) 하면서, 오래된 도로에 더 많은 포트홀이 생겨 도로를 더 위험하게 만들 것(making the route even more dangerous)이라고 했는데, 이는 자동차가 포트홀을 피하기 더 어려워진다는 것을 의미하므로, 정답은 (b)이다.

패러프레이징

worsen the problem 문제를 악화시키다
→ can make poor roads worse
   상태가 안 좋은 도로가 더 나빠지다

making the route even more dangerous
그 길을 훨씬 더 위험하게 만들다
→ making it harder for cars to avoid the hole
   자동차가 구멍을 피하기 더 어렵게 만들다

어휘 worsen 악화시키다 traffic 교통 congested 혼잡한 sidewalk 인도, 보도

79. 어휘 정답 (a)

해석 해당 절의 문맥에서, suspect는 _____를 의미한다.
(a) 추정하다
(b) 의심하다
(c) 추측하다
(d) 알다

해설 해당 어휘가 포함된 문장(the road is so old that I suspect more potholes will form soon)은 '그 도로는 너무 오래되어서 곧 더 많은 포트홀들이 생겨날 거라는 의심이 든다'라는 뜻이다. '추측'의 관점에서, 코너는 날씨와 도로 상황을 고려해서 미래에 더 많은 포트홀이 생겨날 거라는 합리적인 의심을 하고 있다. assume은 주어진 정보를 바탕으로 근거에 기반한 예측을 한다는 점에서 suspect와 유사하며, 따라서 두 단어 모두 자신의 예상이 사실일 거라는 믿음이 다소 내포되어 있다. 결국 주어진 문맥을 고려하면 정답은 (a)이다.

오답체크

(b): doubt는 '(무언가가 틀리거나 의심스럽다고) 생각하다'의 뜻으로 쓰이며, 주어진 본문에 들어가면 '포트홀이 생길 것 같지 않다'는 의미가 되어 적절하지 않다.

(c): guess는 suspect와 assume과는 달리 정보나 단서를 근거로 하지 않는 임의적인 추측에 불과하며, 그 추측도 다소 불확실할 때 사용된다.

80. 어휘 정답 (d)

해석 해당 절의 문맥에서, see to는 _____를 의미한다.
(a) 간주하다
(b) 관찰하다
(c) 끝내다
(d) 다루다

해설 해당 어휘가 포함된 문장(I truly hope that you will see to this matter as soon as possible.)은 '시장님이 가능한 한 빨리 이 문제를 다루어 주시기를 진심으로 바랍니다.'라는 뜻이며, 여기서 see to가 deal with와 같이 '~을 다루다, 처리하다'라는 의미로 사용되고 있다. 주어진 보기 중 address에도 마찬가지로 '(문제 등을) 다루다'라는 뜻이 있으므로, 정답은 (d)이다.

퀵 지텔프
봉투모의고사 1

문제집

G-TELP KOREA 출판사업본부

시험 시작: _____ 시 _____ 분

시험 종료: _____ 시 _____ 분

청취 음원은 QR로 확인

1. GRAMMAR : 26문항 / 20분
2. LISTENING : 26문항 / 약 30분
3. READING AND VOCABULARY : 28문항 / 40분
   TOTAL 90문항 / 약 90분

(1) 실제 시험처럼 풀기 위해, 청취영역 음원은 시작 시간으로부터 20분 뒤에 재생
   (예) 시험 시작 시간이 3시 0분인 경우, 음원은 3시 20분에 재생

(2) 시험 종료 시간은 음원 재생이 끝난 시점에서 40분을 더한 시간
   (예) 음원 재생이 3시 47분에 끝났을 경우, 시험 종료 시간은 4시 28분

GRAMMAR SECTION

DIRECTIONS:

The following items need a word or words to complete the sentence. From the four choices for each item, choose the best answer. Then blacken in the correct circle on your answer sheet.

Example:

> The boys _____ in the car.
>
> (a) be
> (b) is
> (c) am
> (d) are

The correct answer is (d), so the circle with the letter (d) has been blackened.

ⓐ ⓑ ⓒ ●

NOW TURN THE PAGE AND BEGIN

1. Amber has missed her early morning French class several times this semester. If she were to get a more reliable alarm clock, she _____ her attendance record as well as her grades.

   (a) could improve
   (b) will improve
   (c) could have improved
   (d) has improved

2. Human skin is constantly renewing itself by shedding up to 40,000 cells every day. According to research, the average person _____ lose up to 40 pounds of skin over a lifetime.

   (a) must
   (b) would
   (c) should
   (d) can

3. The L'Avian Rose, a theme restaurant set up inside a decommissioned airplane, just opened last month. Alan _____ about the novelty of the restaurant since it opened.

   (a) will be gushing
   (b) has been gushing
   (c) had been gushing
   (d) is gushing

4. In 2006, Pluto was demoted from a major planet to a minor one. Since Eris, _____, is considered a minor planet, many experts argued that Pluto should be in the same category.

   (a) that is bigger and denser than Pluto
   (b) who is bigger and denser than Pluto
   (c) what is bigger and denser than Pluto
   (d) which is bigger and denser than Pluto

5. My good friend and neighbor Shane is planning to leave our apartment complex to live closer to his new workplace. If only his new job were closer, he _____ to move out.

   (a) would not need
   (b) will not need
   (c) would not have needed
   (d) did not need

6. After being a corporate employee for ten years, Ben realized that his true passion lies in coffeemaking. He has given the company two-weeks' notice and _____ a barista certification once he leaves.

   (a) is pursuing
   (b) will have been pursuing
   (c) has been pursuing
   (d) will be pursuing

7. Chris tends to spend impulsively, so it took him a whole year to save money for a new smartphone. If he had been a little more frugal, he _____ a new phone much sooner.

    (a) could get
    (b) will have gotten
    (c) could have gotten
    (d) had gotten

8. Marco's pregnant wife has started to have very specific cravings. Today, Marco drove two cities away just _____ his wife her favorite seafood paella and three jars of spicy dill pickles.

    (a) to buy
    (b) having bought
    (c) to have bought
    (d) buying

9. Many insurance companies are gaining clients by tapping into the Generation Z demographic. Right now, to make sure that our company won't lag behind the competition, our sales reps _____ ways to attract younger clients.

    (a) have brainstormed
    (b) brainstorm
    (c) will be brainstorming
    (d) are brainstorming

10. Athena and her boyfriend went on a three-day road trip through the Pacific Northwest. During the drive back home, Athena suggested that they _____ an extra day at a hotel for some proper rest.

    (a) took
    (b) are taking
    (c) take
    (d) will take

11. Bananas go through a process called "negative geotropism," where they grow upward to receive more sunlight. However, once they reach a certain length, they can't help _____ toward the ground due to gravity, giving them their shape.

    (a) to have curved
    (b) curving
    (c) to curve
    (d) having curved

12. When I got hired last year as a bookkeeper at ANJ Company, Mr. Watson had already been the senior accountant for 15 years. By my fifth year, he _____ junior accountants like me for two decades.

    (a) will have been guiding
    (b) had guided
    (c) will be guiding
    (d) has been guiding

13. Researchers say that the part of the brain linked to memory processing is very active when people are experiencing negative emotions. This is why bad memories are easier _____ than neutral or good ones.

    (a) recalling
    (b) to recall
    (c) recalled
    (d) to have recalled

14. Monica was promoted recently for her excellent customer service at the shoe store. Prior to receiving the management position, she _____ customers in finding the right pair of shoes for three years.

    (a) has been assisting
    (b) will be assisting
    (c) would assist
    (d) had been assisting

15. Ada Lovelace was a computer science pioneer and the first to recognize computers as more than just powerful calculators. However, she died of cancer at a young age. Had she lived longer, she _____ the modern computer.

    (a) could have potentially invented
    (b) will have potentially invented
    (c) could potentially invent
    (d) had potentially invented

16. Mike has been going back and forth to the doctor to have his kidney stones checked. His doctor advised that he _____ on eating salty foods, but he is simply obsessed with potato chips.

    (a) cut back
    (b) will cut back
    (c) is cutting back
    (d) has cut back

17. The moa was a giant flightless bird that could grow up to 12 feet tall. It went extinct around the seventeenth century. If the moa still existed today, it _____ most other birds.

    (a) would have dwarfed
    (b) has dwarfed
    (c) would dwarf
    (d) will dwarf

18. Daniel couldn't find the file that he was supposed to submit this morning. He eventually found it on his desk after the deadline. Apparently, he did not see it _____ it was hidden under stacks of paperwork.

    (a) whereas
    (b) because
    (c) although
    (d) unless

19. In soccer, the goalkeeper can play by special rules. For example, one rule states that the goalkeeper is the only player allowed _____ the ball with his or her hands.

    (a) touching
    (b) to touch
    (c) having touched
    (d) to have touched

20. Louisa's baby shower was delayed because of a power outage at her apartment building. She _____ to her friends on speakerphone to give them directions to her place when the lights suddenly went out.

    (a) is talking
    (b) talked
    (c) has been talking
    (d) was talking

21. Dreaming is often considered a sign of healthy, restful sleep. Physicians _____ claim that dreaming usually occurs during rapid eye movement (REM) sleep, the part of the sleep cycle that can positively affect memory and mood.

    (a) which specialize in sleep habits
    (b) who specialize in sleep habits
    (c) what specialize in sleep habits
    (d) whom they specialize in sleep habits

22. For their physics project, George's classmates had to work in groups of five. They had the freedom to choose their groupmates, but their teacher recommended _____ teams according to their seating arrangement.

    (a) forming
    (b) having formed
    (c) to form
    (d) to have formed

23. Riley just passed the preliminary assessment for her university's molecular biology graduate program. However, to become a candidate, she _____ pass a difficult oral exam, which will take place tomorrow morning.

    (a) could
    (b) must
    (c) would
    (d) might

24. Humans have approximately 9,000 taste buds, while dogs only have an average of 1,700. _____, dogs have special taste buds specifically made for water—something that humans do not have.

    (a) In other words
    (b) Furthermore
    (c) However
    (d) Therefore

25. Stevie Nicks is an American singer who has enjoyed success both as a solo artist and as a member of Fleetwood Mac. Before becoming famous, her days included _____ in small venues in Phoenix, Arizona.

    (a) having performed
    (b) to perform
    (c) performing
    (d) to have performed

26. Heidi's lab team was about to crack into a mysterious canister they had received when they spotted a note reading "Do not open!" Had Heidi not marked the canister, her curious colleagues _____ it right away.

    (a) would have opened
    (b) will have opened
    (c) would open
    (d) had opened

*THIS IS THE END OF THE GRAMMAR SECTION
DO NOT GO ON UNTIL TOLD TO DO SO*

LISTENING SECTION

DIRECTIONS:

The Listening Section has four parts. In each part you will hear a spoken passage and a number of questions about the passage. First you will hear the questions. Then you will hear the passage. From the four choices for each question, choose the best answer. Then blacken in the correct circle on your answer sheet.

Now you will hear an example question. Then you will hear an example passage.

Now listen to the example question.

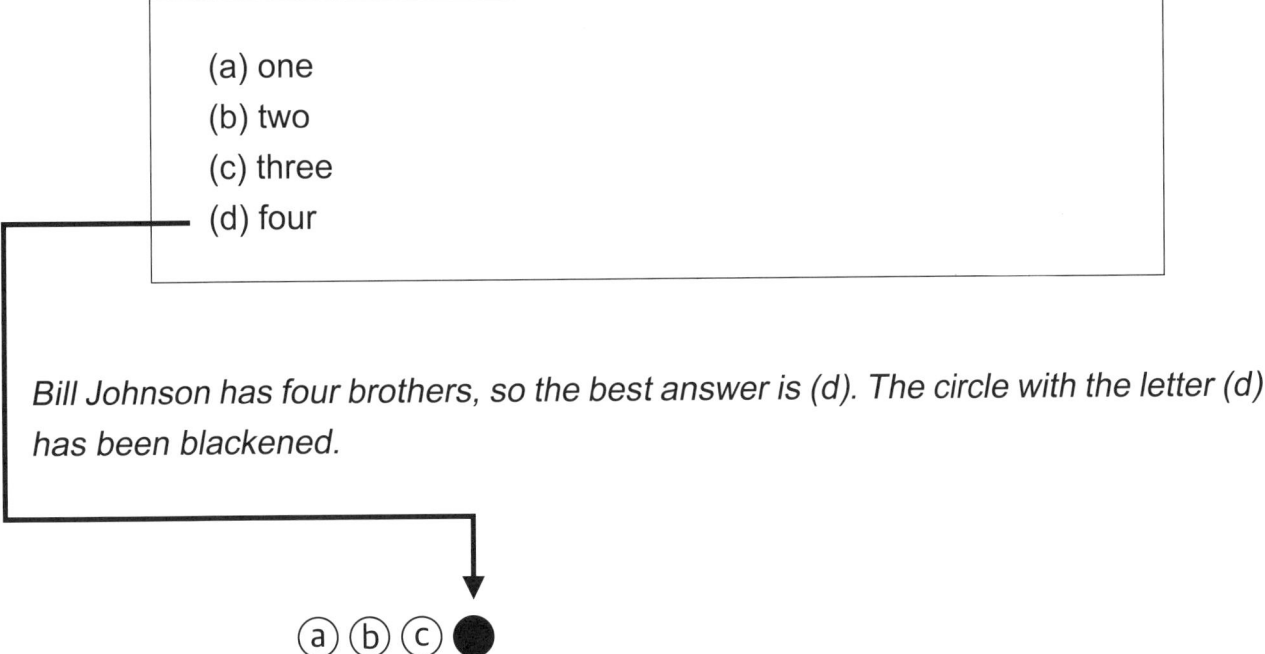

(a) one
(b) two
(c) three
(d) four

Bill Johnson has four brothers, so the best answer is (d). The circle with the letter (d) has been blackened.

NOW TURN THE PAGE AND BEGIN

PART 1. *You will hear a conversation between two people. First you will hear questions 27 through 33. Then you will hear the conversation. Choose the best answer to each question in the time provided.*

27. (a) to teach a yoga class
    (b) to meet up with his wife
    (c) to work at the law office
    (d) to do yoga at his home

28. (a) by helping him appreciate alone time
    (b) by inspiring him to work harder
    (c) by showing him the importance of family
    (d) by convincing him to retire early

29. (a) It soothes the mind after a busy day.
    (b) It relaxes muscles before bed.
    (c) It makes one tired from working out.
    (d) It improves sleeping postures.

30. (a) to prepare for childbirth
    (b) to keep herself entertained
    (c) to stay healthy while pregnant
    (d) to lose some weight

31. (a) She can get to know her classmates.
    (b) She can stretch out more.
    (c) She can get professional advice.
    (d) She can bring some friends.

32. (a) because she is low on funds
    (b) because she needs yoga gear
    (c) because she is inexperienced
    (d) because she might be busy

33. (a) buy things for yoga class
    (b) start doing yoga on her own
    (c) join her friend at the yoga studio
    (d) try out a virtual yoga class

PART 2. You will hear a presentation by one person to a group of people. First you will hear questions 34 through 39. Then you will hear the talk. Choose the best answer to each question in the time provided.

34. (a) a device to help with pet care
    (b) a toy to keep pets entertained
    (c) a health monitor for pets
    (d) a motion-sensing pet door

35. (a) with an automatic timer
    (b) through voice-activated controls
    (c) with a button on the machine
    (d) through a mobile device

36. (a) to remember to fill the bowls
    (b) to automate the feeding times
    (c) to produce less food waste
    (d) to keep pets from overeating

37. (a) program it to follow the pets
    (b) install a wide-angle lens
    (c) place it away from furniture
    (d) tilt it slightly upwards

38. (a) It dispenses special treats.
    (b) It lets them hear their owner's voice.
    (c) It plays soothing nature sounds.
    (d) It releases a toy for them to play with.

39. (a) by being the first buyer
    (b) by bringing their pets
    (c) by showing their pet photos
    (d) by owning multiple pets

PART 3. You will hear a conversation between two people. First you will hear questions 40 through 45. Then you will hear the conversation. Choose the best answer to each question in the time provided.

40. (a) because it has very little grass
    (b) because it is too small
    (c) because it needs a new fence
    (d) because it is unfinished

41. (a) They will stop using electronics.
    (b) They can win athletic contests.
    (c) They will get some exercise.
    (d) They can invite friends to play.

42. (a) by damaging the equipment
    (b) by being too hot for playing
    (c) by putting the children in danger
    (d) by being too rainy to go outside

43. (a) She cannot have parties there.
    (b) She does not have enough time.
    (c) She dislikes crowded places.
    (d) She is unable to take her family.

44. (a) the effort required to clean it
    (b) the cost of hiring a cleaner
    (c) the need to regularly repair it
    (d) the cost of buying chlorine

45. (a) build her kids a play area
    (b) hire an affordable contractor
    (c) host a party in her backyard
    (d) start construction on a pool

PART 4. You will hear an explanation of a process. First you will hear questions 46 through 52. Then you will hear the talk. Choose the best answer to each question in the time provided.

46. (a) communicating with one's boss
    (b) expressing emotion in emails
    (c) handling rude colleagues
    (d) writing clear work messages

47. (a) by turning his phone off
    (b) by closing other computer applications
    (c) by finishing his other tasks first
    (d) by following a well-prepared outline

48. (a) to ensure the right vocabulary is used
    (b) to make recipients feel appreciated
    (c) to ensure communications are effective
    (d) to avoid missing important messages

49. (a) make lists in bullet form
    (b) use a large font
    (c) begin with key points
    (d) send multiple messages

50. (a) by starting with some light humor
    (b) by looking at it from another viewpoint
    (c) by reading it out loud before sending
    (d) by making each line sound pleasant

51. (a) He waits before replying.
    (b) He tries his best to ignore it.
    (c) He shares it with a coworker.
    (d) He keeps his reply positive.

52. (a) any carelessly written lines
    (b) any insulting words
    (c) any names spelled wrong
    (d) any grammar mistakes

*THIS IS THE END OF THE LISTENING SECTION
DO NOT GO ON UNTIL TOLD TO DO SO*

READING AND VOCABULARY SECTION

DIRECTIONS:

You will now read four different passages. Each passage is followed by comprehension and vocabulary questions. From the four choices for each item, choose the best answer. Then blacken in the correct circle on your answer sheet.

Read the following example passage and example question.

Example:

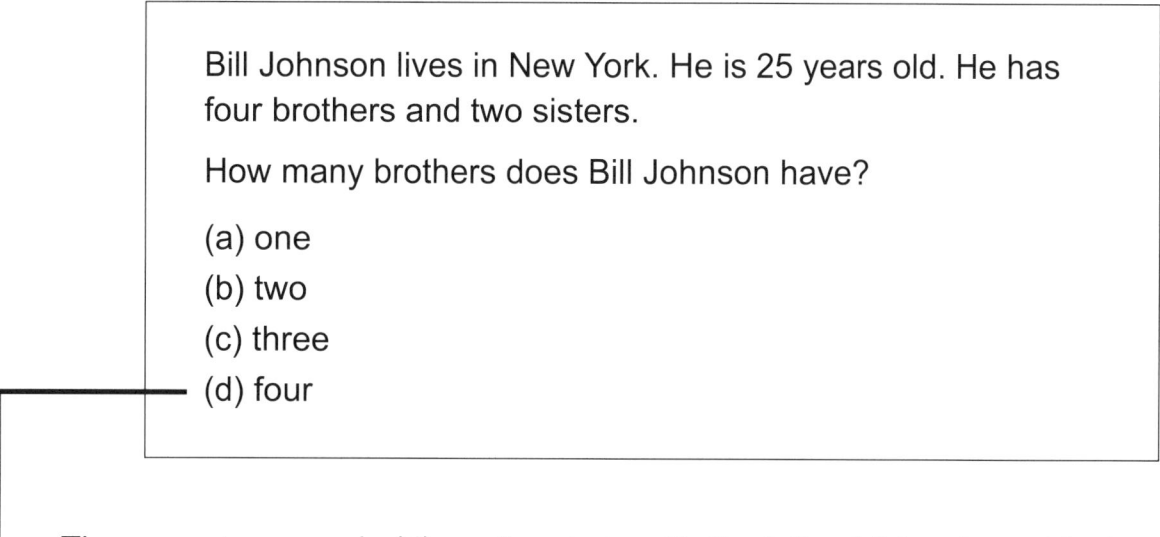

Bill Johnson lives in New York. He is 25 years old. He has four brothers and two sisters.

How many brothers does Bill Johnson have?

(a) one
(b) two
(c) three
(d) four

The correct answer is (d), so the circle with the letter (d) has been blackened.

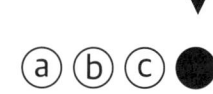

NOW TURN THE PAGE AND BEGIN

PART 1. Read the following biography article and answer the questions. The underlined words in the article are for vocabulary questions.

MAURICE HILLEMAN

Maurice Hilleman was an American chemist. Known as one of the most prolific scientists in modern history, Hilleman created more vaccines than any scientist before him. Many of Hilleman's vaccines are still used today to prevent life-threatening diseases.

Maurice Ralph Hilleman was born on August 30, 1919, in Miles City, Montana. His mother died shortly after he was born, and Hilleman was adopted by close relatives. He spent his childhood tending to livestock on his foster parents' farm. This was his first practical experience with biology and disease. He nurtured his newfound interest in science by listening to radio shows and reading textbooks on the subject.

Hilleman's family could not afford to send him to college, so he applied for a scholarship to Montana State University. After only three years, he graduated at the top of his class with a double major in chemistry and microbiology, then received a full scholarship to the University of Chicago for his doctorate in microbiology.

Hilleman's peers advised him to work in academia but, believing that scientists should serve society, he wanted to develop vaccines for the public. In 1944, he started working at a pharmaceutical company, where he developed his first vaccine—an inoculation against the encephalitis virus—within a year. His work caught the attention of pharmaceutical giant Merck & Company and, at only 38 years old, he became the head of the company's virus and vaccination research programs.

When his daughter caught the mumps in 1963, Hilleman promptly swabbed her throat to obtain a sample of the virus and formulate a vaccine. The mumps vaccine was licensed a few years later and became part of Hilleman's single-shot MMR vaccine, which protects against three major and sometimes deadly diseases: measles, mumps, and rubella. To this day, the MMR vaccine is administered to millions of children worldwide.

Despite a stern and demanding management style, Hilleman was idolized by workmates for his dedication to research. His commitment to developing vaccines within a short timeframe resulted in his team's consistently high production numbers.

Prior to his death at age 85, Hilleman served as an advisor to the World Health Organization and other infectious disease groups. He developed over 40 licensed vaccines throughout his career, including 8 of the 14 standard vaccines that children in the US receive today. Experts estimate that his work continues to save as many as eight million lives yearly.

53. What is Maurice Hilleman most known for?

    (a) creating an impressive number of vaccines
    (b) formulating all modern vaccines for children
    (c) eradicating a life-threatening disease
    (d) launching the first disease research program

54. How, most likely, did Hilleman's interest in science begin?

    (a) through his readings of science textbooks
    (b) through his work on a family farm
    (c) through his time listening to a popular radio show
    (d) through his studies of biology in college

55. Why did Hilleman decide to work in pharmaceuticals?

    (a) because he wanted to capture the public's attention
    (b) because he was urged to by his colleagues
    (c) because he wanted to help people
    (d) because he was offered a job at a prestigious company

56. What was significant about Hilleman's MMR vaccine?

    (a) that it was formulated from previous vaccines
    (b) that it saved the life of his eldest daughter
    (c) that it was developed in a matter of months
    (d) that it worked against multiple illnesses at once

57. According to the article, how was Hilleman perceived at work?

    (a) He was thought of as good-natured.
    (b) His colleagues thought he was too hard on himself.
    (c) He was respected for his work ethic.
    (d) His coworkers complained about his attitude.

58. In the context of the passage, head means _____.

    (a) top
    (b) champion
    (c) brain
    (d) leader

59. In the context of the passage, administered means _____.

    (a) given
    (b) sent
    (c) dealt
    (d) led

PART 2. Read the following magazine article and answer the questions. The underlined words in the article are for vocabulary questions.

SCIENTISTS CONVERT PLASTIC WASTE TO VANILLA FLAVORING

Researchers at the University of Edinburgh have successfully turned discarded plastic bottles into vanilla flavoring with the help of modified bacteria, the first time a biological system has been used to produce a valuable chemical from plastic waste. This research could help in decreasing plastic waste, since current recycling processes only result in other, lower-quality products that still cause plastic pollution.

Vanilla flavoring has been a popular dessert ingredient in America and Europe since the late eighteenth century. Today, it is in even greater demand worldwide due to its use in dairy products, confections, beverages, and even non-edible commodities like cosmetics.

Vanilla extract gets its distinct flavor and aroma from vanillin, a raw organic substance found in vanilla beans. Normally, vanillin is extracted from vanilla orchids through a rigorous process that requires massive amounts of labor and resources. As a result, a small bottle of pure vanilla extract can be quite expensive. Manufacturers have thus switched to processes that can produce larger amounts of vanillin at a lower cost using sources like cinnamon, pine bark, and other substitutes. Over 85 percent of vanilla extract on the market today is made with artificial vanillin.

Previous studies have revealed that plastic bottles can be broken down into a compound called terephthalic acid or TA, which has nearly the same chemical composition as vanillin. Using this discovery, researchers at the University of Edinburgh decided to test if TA could be turned into vanillin using E. coli, a common bacterium.

After mixing a modified version of E. coli with a TA sample, the concoction was kept at a constant temperature of 98.6 degrees Fahrenheit for one day. The bacteria transformed the mixture into 79 percent vanillin—proving that seemingly useless plastic waste may have some value after all.

Researchers are hopeful that they can increase the production rate of vanillin by using more powerful bacteria. Also, they are currently looking into scaling up the process to deal with larger amounts of plastic. As further studies are carried out, other valuable chemicals, such as those used in perfumes, could also be generated from TA.

60. What is mainly being discussed in the article?

    (a) the reason why vanilla is in high demand
    (b) a new way to develop a valuable product
    (c) the reason why producing vanilla is wasteful
    (d) a new way to use artificial flavorings

61. Why, most likely, are many vanilla extracts produced artificially?

    (a) They have a richer taste than natural vanilla.
    (b) They are in higher demand than natural vanilla.
    (c) They have a stronger aroma than natural vanilla.
    (d) They are easier to mass produce than natural vanilla.

62. What is the most likely reason plastic was used in the study?

    (a) because it breaks down easily in large quantities
    (b) because it contains high amounts of bacteria
    (c) because it produces a similar compound to vanillin
    (d) because it is known for being responsive to bacteria

63. How did the researchers convert the plastic compound into vanillin?

    (a) by dissolving it in boiling water
    (b) by combining it with a microorganism
    (c) by mixing it with vanilla extract
    (d) by storing it at various temperatures

64. According to the article, how can the research be useful if developed further?

    (a) Other luxuries can be made from recyclable materials.
    (b) Stronger types of bacteria can be produced.
    (c) The bacteria can be converted into a valuable chemical.
    (d) Plastic waste can be changed into other flavorings.

65. In the context of the passage, substitutes means _____.

    (a) additions
    (b) changes
    (c) alternatives
    (d) agents

66. In the context of the passage, scaling up means _____.

    (a) repeating
    (b) expanding
    (c) cleaning
    (d) weighing

PART 3. Read the following encyclopedia article and answer the questions. The underlined words in the article are for vocabulary questions.

MONKEY BUFFET FESTIVAL

The Monkey Buffet Festival, also known as the Lopburi Monkey Festival, is an annual celebration held in the city of Lopburi in Thailand. On the last Sunday of November, residents of the town offer towering piles of food to local monkeys as tokens of appreciation for the prosperity the animals bring to the city.

Lopburi, one of the oldest cities in Thailand, gained the name "Monkey City" for being home to thousands of monkeys that coexist in harmony with its human inhabitants. The animals roam freely around the city, scaling the sides and jumping off the tops of buildings. They often perform mischievous acts, like pulling people's hair or stealing from unsuspecting tourists. Despite this, the monkeys are left alone and treated respectfully by the locals.

Historians trace the residents' high regard for monkeys to an ancient Sanskrit tale. According to folklore, a monkey once saved a prince's bride-to-be from a demon. Lopburi locals believe that this heroic monkey is not only the ancestor of their primate neighbors, but also the founder of their city.

The Monkey Buffet Festival itself originated in 1989, when a local hotelier started serving food to monkeys that seemed to attract tourists to his establishment. It was in 2007 that this practice was formally developed into a festival by the Tourism Authority of Thailand.

The festival starts at the San Pra Kan temple, where performers wear monkey costumes and make monkey-like noises while dancing. Hearing the familiar sounds, the monkeys that are scattered all over the city come to gather at the temple. The hosts then lift the coverings off the banquet table to reveal pyramids of fruits, vegetables, and desserts for their esteemed guests to feast upon.

Every year, the festival caters to over 2,000 local monkeys, and many domestic and international tourists are drawn to witness the unique spectacle. Beyond the festival, the monkeys are still some of Lopburi's biggest attractions, greatly bolstering the city's tourism industry.

67. What is the article mainly about?

    (a) the history of monkeys in Thailand
    (b) a city solely populated by monkeys
    (c) the preferred habitats of monkeys
    (d) an event that pays homage to monkeys

68. Why do Lopburi locals let the monkeys move freely about the city?

    (a) because they are afraid to catch the monkeys
    (b) because they believe monkeys are worthy of their respect
    (c) because they prefer monkeys to other animals
    (d) because they believe the monkeys control the city

69. How did the Monkey Buffet Festival originate?

    (a) A restaurant owner started giving leftovers to monkeys.
    (b) The city's tourism department proposed the event.
    (c) A hotel owner provided treats for the local monkeys.
    (d) Tourists suggested the event to city planners.

70. Why, most likely, do the local performers imitate the sound of monkeys?

    (a) to add excitement to the event
    (b) to thank the monkeys for their presence
    (c) to signal the start of the event
    (d) to attract the monkeys to the temple for food

71. Based on the article, how has the festival probably affected the city of Lopburi?

    (a) It has brought more tourists to the city.
    (b) It has made the monkeys friendlier to tourists.
    (c) It has led to the creation of more attractions.
    (d) It has increased the number of monkeys kept as pets.

72. In the context of the passage, harmony means _____.

    (a) order
    (b) peace
    (c) agreement
    (d) control

73. In the context of the passage, esteemed means _____.

    (a) honored
    (b) invited
    (c) famous
    (d) excited

PART 4. Read the following business letter and answer the questions. The underlined words in the letter are for vocabulary questions.

To: Danny Weston
From: Linda Connor
Subject: Pothole Problems

Dear Mayor Weston:

I am writing to inform you about the condition of a street in my area and to request your immediate action.

A week ago, I called the local road development office to inform them of an incident on Aston Street. A truck had veered onto the sidewalk as the driver tried to avoid a five-inch-deep pothole, knocking down a length of fence on a residential property.

Though I was told that an officer would return my call in a few days, I have not heard from the road development office. Under normal circumstances, I would have simply called again. However, something happened yesterday that escalated my concerns and prompted me to write a formal letter in the hope of gaining your attention.

While I was driving my children home from school yesterday afternoon, my car's front tire clipped the edge of the pothole. While I was unscathed, my eldest child hit her head on the car window, sustaining a slight bruise on her temple. Now, with my children's safety in mind, I am hesitant to take the same road again.

It would be remiss of me not to mention this week's inclement weather and how heavy snowfall can make poor roads worse. As of now, the pothole is already ringed with ice. Additionally, the road is so old that I <u>suspect</u> more potholes will form soon, making the route even more dangerous.

I truly hope that you will <u>see to</u> this matter as soon as possible. I, along with other Bradford residents, look forward to your immediate response.

Respectfully yours,

Linda Connor
Resident

74. Why did Linda Connor write to Mayor Danny Weston?

    (a) to inquire about road safety programs
    (b) to ask for help on behalf of a neighbor
    (c) to bring a problem to his attention
    (d) to complain about unresponsive town officers

75. What caused the accident last week?

    (a) a trucker driving recklessly
    (b) a narrow entryway to the street
    (c) a poorly maintained guard rail
    (d) a serious obstacle in the road

76. Why did Connor send the email directly to the mayor's office?

    (a) because she does not know who to contact
    (b) because they have corresponded before
    (c) because the matter has become more urgent
    (d) because they know each other personally

77. What happened that made Connor hesitant to use the road?

    (a) Her daughter received a head injury.
    (b) Her car sustained some minor damage.
    (c) Her kids were late arriving to school.
    (d) Her child was almost hit by a swerving car.

78. How will this week's weather likely worsen the problem?

    (a) by making road construction more difficult
    (b) by making it harder for cars to avoid the hole
    (c) by making traffic on the road more congested
    (d) by making it harder to see the sidewalk

79. In the context of the passage, suspect means _____.

    (a) assume
    (b) doubt
    (c) guess
    (d) know

80. In the context of the passage, see to means _____.

    (a) consider
    (b) observe
    (c) finish
    (d) address

THIS IS THE END OF THE TEST